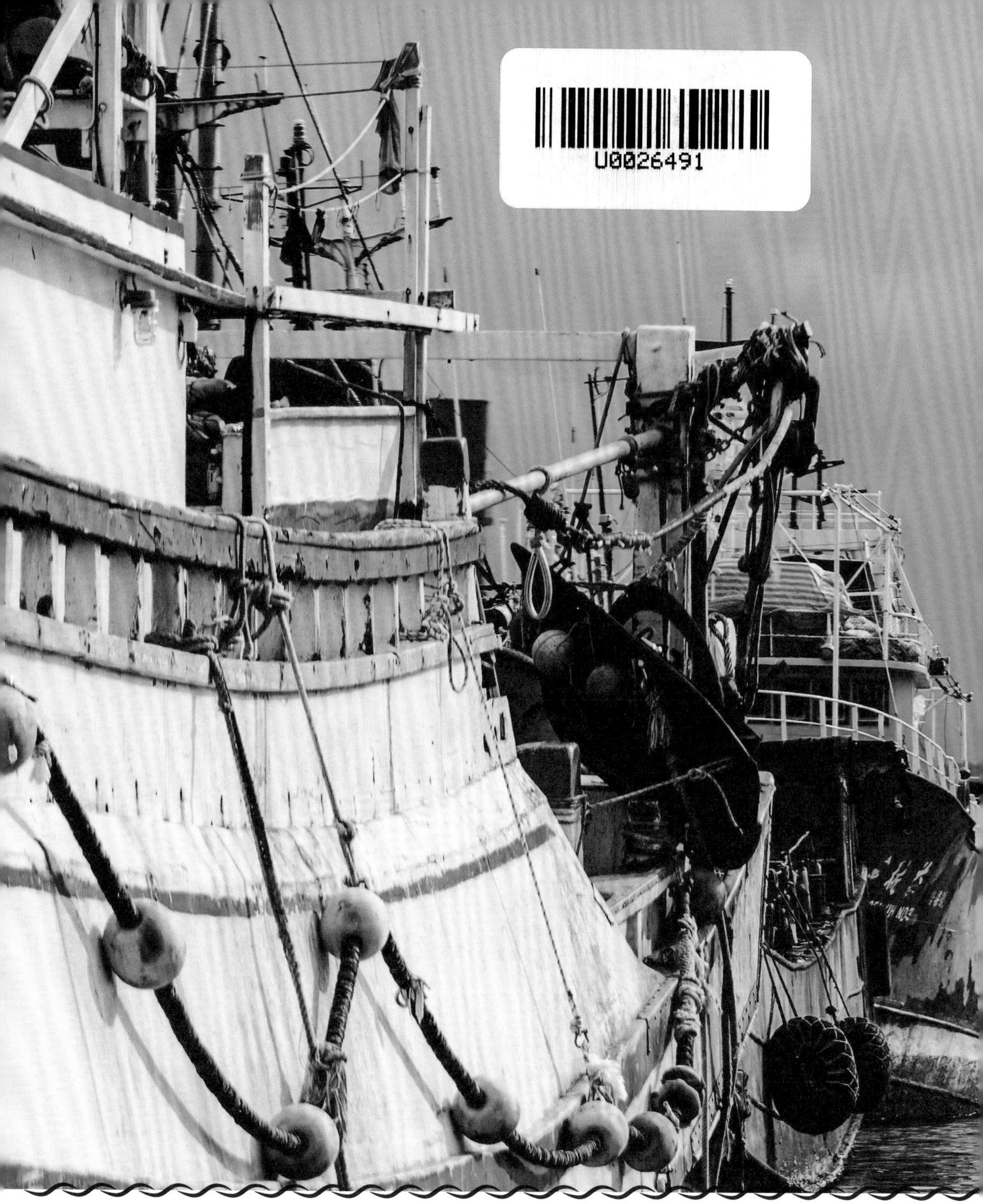

市長的話

作為土生土長的基隆人，是在成長以後將目光放回自己的家鄉，才開始有了機會，對於基隆這座濃縮台灣史於一地的城市，透過歷史與文化的縱深與廣闊，以另一種角度重新認識這座城市。

以首長身分參與推動改變一座城市，每時每刻都充滿不同選擇，這些選擇或大或小反映出所相信的價值——文化先行的治理方式，讓一座城市與身於其中的人能夠找回探索自己城市未來的力量；這樣的方式不只是停留於單點建築的修復、保存，而是希望透過整體城市的改造與探索，從根本找回市民的城市認同與自信，「大基隆歷史場景再現整合計畫」即是秉持此核心價值的具體展現。

基隆是一座海港城市，同時也是台灣的門戶，四百年的歷史，多元豐富的文化於此匯聚，這座城市的性格應是開放、熱情、充滿想像力；然而，許多人對於基隆的想像，多半停留在雨都、陰鬱的氛圍，失去了應有的色彩。移居城市的型態使得城市中的每一區塊都像是一部斷代史，唯有藉由認識腳下土地的過往，尋回歷史記憶，才能找回屬於自己土地的認同與自信。

城市意象的轉變需要長時間的努力，我相信，只要透過城市的深度脈絡梳理，用更多創新和創造的能力去調整這座城，民眾也能夠與之一同創造新的生活方式、新的共識，並且對於自己的文化，更感到自信與光榮。

市長

局長的話

近年來，基隆市以文化治理方針進行城市再造，期盼透過「大基隆歷史場景再現整合計畫」逐步地翻轉基隆。此計畫獲得文化部補助，基隆市不僅是第一階段受到補助的縣市之一，更是唯一以全市的格局來推動的縣市提案。

為了再現土地與人民的歷史記憶，團隊試圖將文化資產與城市發展間搭起橋樑，希望透過文化治理，以帶動基隆這個港都城市的生活魅力。此外，文化資產的轉型，勢必也將為經濟發展注入一股活水。

本書以大基隆歷史場景作為城市空間的探索基地，更深入分析基隆在地文化特色，使讀者理解基隆市的文化、歷史，與城市性格。專書共分兩冊，第一冊以「城、海、山」為城市元素，翻閱基隆超過四百年的歷史，並邀請了多位或在地深耕、或返鄉服務、或移居定駐的「基隆人」，分享對於身處當代基隆的觀察與感受；第二冊則以「未來」為主要方向，透過治理者的角度、參與改變者的角度，以及不同專業領域創作者的角度進行現地採集，描繪出基隆當今、甚至未來可能的樣態。

期許能透過閱讀此書，記錄跨越時空的基隆樣貌，亦能讓更多讀者更加認識這座寶島台灣最北端的文化之城。

文化局局長

總編輯序

「在」基隆的在，有三個意涵

人的「住在」與「待在」——
一座城市的長成與轉變

空間上的「存在」——
不只看見基隆的海，
也看見基隆的山

時間上的「正在」——
在這個時間點，
我們如此想像基隆的未來

山、海與一座城市的可能性

曾經，我們這些非基隆人對這座城市的印象是模糊的。廟口、和平島，海風與海鮮，是我們最有印象的事物。直到這幾年，基隆在我們的眼前重新出現。我們開始知道，這個地方的身世，其實就是一頁台灣四百年的故事：從大航海時代，到日治時期，乃至二二八，及一九四九年代的大遷徙，都在這裡留下了歷史的印記。我們也開始看見，基隆在這幾年進行了以文化先行的城市改造運動，不僅透過「大基隆歷史場景再現整合計畫」讓城市的歷史與記憶被以嶄新的方式認識，更邀請許多重要建築師來到基隆，建立關於新的城市想像。同樣重要的是，更多年輕人回來或者留下，由下而上展開各種文化和社會實踐。一個新的基隆正在誕生。

很少有一個地方的山、海、城如此緊密地濃縮與交織在一起，同時又具有豐厚的歷史疊層，及濃烈的氣味與顏色。過去這幾年有越來越多書寫地方的刊物或專書，但是卻還很少有一本專書去完整論述與呈現一座城市的精神與性格。這是這本專書的企圖。第一冊書寫山、海、城的過去與現在，傳統與當下，採集人的故事，描繪地景的面貌。第二冊邀請林右昌市長和前文化部長鄭麗君對談城市的歷史與文化願景，訪談參與城市改造的建築師們，也邀請不同世代、不同領域的知名創作者寫／拍／畫他們生命中的基隆，再加上城市的影像紀錄與文化清單。

你會在這本書中重新認識一座台灣地圖上的獨特城市，而基隆故事作為台灣歷史的一部份、人們在生活中建立的美好日常、返鄉青年的創造力、市政府在城市改造的規劃與實踐，這一切經驗與故事都是不只屬於基隆，更可能打開整個台灣對一座城市想像的可能性。

總編輯

目錄

在基隆：城、海、山與未來
①城市性格

市長的話
局長的話
總編輯序

基本資訊 6
城市輪廓：不一樣的城市切角
基隆地圖：基隆與台灣、基隆的行政區
文化節慶：因海而生的多元面貌

城 16
基隆城市裡的歷史痕跡——大基隆歷史場景地圖
基隆的過去
十九世紀之前的基隆、日治時期的基隆、
戰後至今的基隆、以文化立足的未來之城
基隆的現在
回／來基隆人物群像
童永、單彥博、李清瑞、郭一萱、吳健毅、
鄭詩怡、王兆豐、林書豪、陳志東、Ken

海 58
海港的過去、海港的現在、海港與海洋的未來

山 70
山的過去、山的現在、完整脈絡的山城未來

城⇅海⇅山 80
飲食：豐盛的海港小吃、環境：從海港到全水域的生態關注、觀光：從文化長出的在地魅力

基隆、

城市輪廓：不一樣的城市切角

① 市名由來

在過去曾被稱作雞籠、鷄江，清治時期改名基隆，取其「基地昌隆」之意。

② 實至名歸的雨都

氣候多雨、潮濕為基隆印象，而有「雨都」、「雨港」之稱，近十年年平均降雨天數193天（二〇一〇至二〇一九年）。

③ 交通起點

基隆火車站為西部鐵路縱貫線起點，亦是台灣中山高速公路（國道一號）的起點，其交通發達，通勤文化深植每一位基隆人心中。

④ 水準原點

中正區八斗子北部濱海公路台2線70公里處為台灣水準原點，是計算臺灣各地海拔高度的基準點。

⑤ 最多砲台的城市

歷史上的基隆位居重要戰略位置，光列入古蹟已有七處砲台基地，鼎盛期約有三十多處，遍佈於基隆港以及山海交界處。

⑥ 漁業重鎮

為北台灣漁業重鎮，市內多達八座漁港，全台僅九處的「第一類漁港」（全國性漁港），基隆便佔其二，包括日治時期全台最大的正濱漁港及現代化的八斗子漁港。

⑦ 豐富的飲食文化

飲食文化之豐富，海鮮、魚漿製品、家家都厲害的乾麵，市場美食琳瑯滿目，可以從早吃到深夜，就連醬料都不輸人，當地自產的丸進辣椒醬跟湯匙牌沙拉醬是在地人的驕傲。

⑧ 全台第一座跨海大橋

台灣第一座跨海大橋位於八尺門水道，建造於日治時期，肩負起連接起基隆與和平島，於服役六十六年後拆除。

⑨ 遍布城市的古蹟

有許多具有文化與歷史意義的觀光景點，如和平島諸聖教堂考古遺址，即為台灣第一個完整出土的西班牙時期遺址，距離民宅僅數步之遙，以「現地展覽」方式可親眼看見考古現場。

⑩ 全台最早的咖啡城市

可以說是最早的咖啡城市，曾為第一大港的基隆港，作為台灣的國際之門，咖啡文化也隨著繁盛的進出口貨運一同興盛，現今仍能看見城市內三、五步就一家咖啡廳的景象。

基隆地圖：基隆與台灣

三面環山，一面臨海的基隆，
在這山與海的交界處，
長出一座歷史、文化、人情
皆豐富、繁盛的城市。

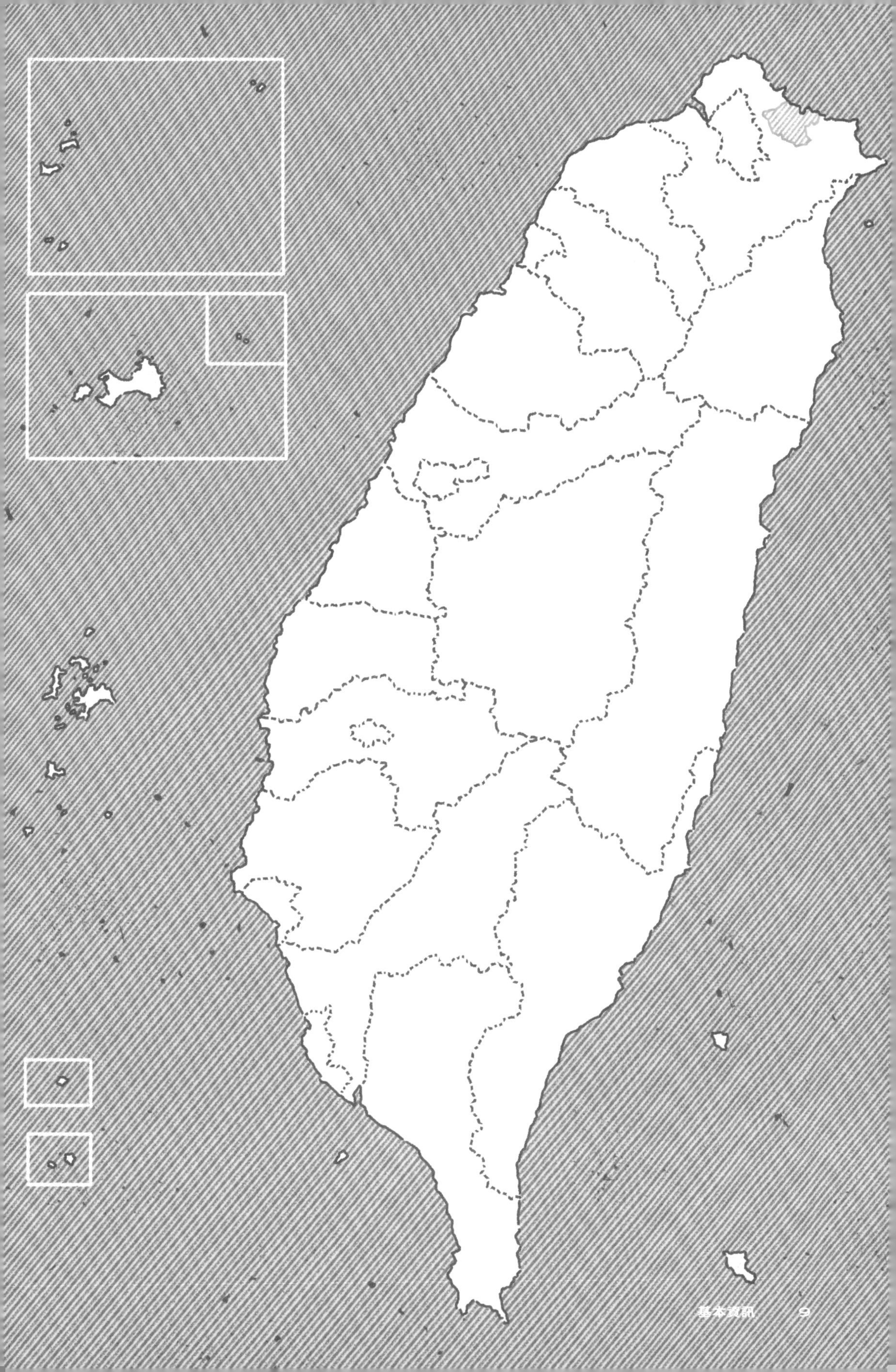

基隆地圖：基隆的行政區

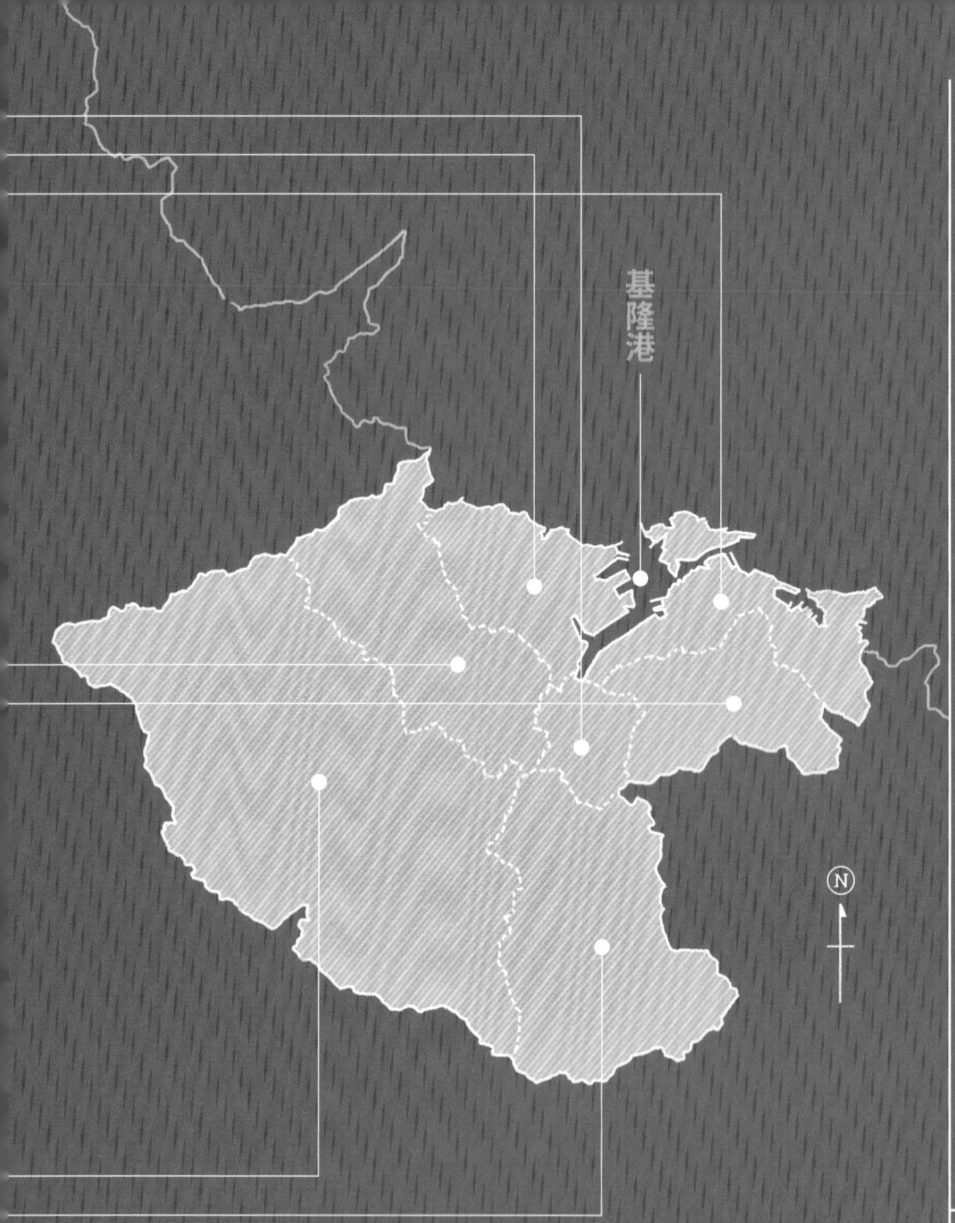

基隆港區的範圍與市中心相連，是港灣城市中較少見的型態，也因如此特殊的型態，基隆港不僅牽動著基隆城市的商業發展，也影響其都市景觀。回顧基隆市歷史遺跡，得以窺見自四百年前的荷西時期、日治時期、清治時期之種種痕跡；一如海洋的廣闊特質，基隆涵納了來自世界各地的移民，在城、海、山之間，以自身獨特的姿態生活，並形成了多元豐饒的文化風景。

中正區

北臨太平洋，有眾多漁港，以正濱漁港、八斗子漁港最為出名，居民大多以海運、漁業相關行業維生，形成獨特港口文化。基隆市政府、基隆市文化中心、和平島公園、通盤嶼、忘憂谷、八斗子公園等重要機關、著名自然地景皆位於此。

中山區

漳州人最初來到基隆即是落腳於中山區，日治時期基隆港築港，為紀念期間殉職人員，一九三〇年日本人便於此樹立築港紀念碑。東面基隆港西岸，外木山漁港、市定古蹟白米甕砲台為著名景點。

仁愛區

為面積最小行政區。緊鄰基隆港，為基隆最早有商業互動之地，崁仔頂漁市場、基隆廟口、委託行等聚集於此。此外，基隆三大廟：護國城隍廟、慶安宮、奠濟宮亦位於此。

信義區

著名的中正公園位於中正區、信義區交界山區，白色觀音像前立著「慈航普渡」碑，為中正公園的最高點，守護著一旁的基隆港口與市容。此外，倚山面海的國定古蹟「槓子寮砲台」亦位於此交界，見證清治時期至今的基隆歷史。

安樂區

為人口最多行政區。情人湖（舊稱「五叉埤」）為基隆市唯一高地湖泊。沿情人湖公園環山步道，可登高眺望基隆嶼、野柳海岬，並與國定古蹟大武崙砲台、外木山海濱步道相連。其中，「老鷹岩步道」為環山步道的高點，因常有黑鳶盤旋空中，為著名的賞鷹勝地。

暖暖區

位於基隆最南端，相傳地名取自凱達格蘭族「那那」社之相近音「暖暖」而來。近來因市地重劃及各項交通建設，如高速公路、快速道路建成，興建中住宅隨處可見，人口亦因此增加。

七堵區

為最西邊行政區，亦是面積最大行政區。七堵區內的姜子寮山為基隆最高峰，天氣晴朗時，能夠一覽依山傍海的景致而無遺。

文化節慶：因海而生的多元面貌

基隆的文化節慶多元且豐富，基本上是因海而生。

多元信仰習俗

身爲移民之城的基隆，各地的民間信仰來到這裡並發展而出屬於自身特殊的習俗節慶，經過了時間的洗鍊汰換，有些消失於時間浪潮之中，有些則保留轉變，成爲基隆重要的文化養分。

①

各地開花的移民信仰：由各地攜著家鄉守護神前來的漢人移民，為基隆帶來漳州的開漳聖王、泉州的保儀大夫、粵人的三山國王，以及民眾耳熟能詳的媽祖、王爺、城隍爺與福德正神等民間信仰，至今我們仍能從眾多在地廟宇以及節慶窺見各移民的信仰中心，如和平島社靈廟的海上遊江、蚵殼港迓媽祖。

②

不斷轉變的中元祭：於咸豐年間逐漸以「姓氏輪值主普」取代漳泉械鬥的中元祭，在日治時期許多工商團體與姓氏宗親會緊密合作的過程中，規模越趨盛大，並於戰後在政府的資助與鼓勵下走向現代，包含部分帶有禁忌感的儀式如放水燈等，逐漸轉為基隆重要的觀光資源，除了延續傳統祭儀，更加入了主題花車、燈車、演出團隊繞行基隆市區，為市民從小到大的集體記憶，展現祭典作為族群融合的精神象徵。

③

跟著歷史演變的教會：基隆的基督教歷史可追溯至十七世紀西班牙人佔領北台灣期間，道明會神父與修士即赴此地傳教，在遭驅離後為荷人、明鄭與清政府所斥，直至十九世紀中葉因天津條約開港後，才又再與長老教會分別來到基隆傳道。而戰後，因輸送船不足，無法回國的在台韓人與韓戰期間遷徙來台的韓人，一同經營基隆韓國教會，成為在台韓人社會的根基。

基隆亦有基督宗教信仰

社靈廟海上游江的王船

中元祭時夜晚點燈的主普壇

中元祭放水燈儀式

④

都市裡的豐年祭：一九五〇、六〇年代快速復甦的煤礦業與基隆港港務，不僅吸引來自全台各地的移民尋求工作機會，也讓來自花東的原住民族群在基 隆重新建立社群，打造屬於自己的都市豐年祭。

⑤

曇花一現的日本神道教：在日人來台之際曾試圖引入日本佛教與神道教，卻因語言隔閡及在台日人數量漸增，慢慢地將重心改以服務日人為主。即便如此，日人也曾短暫舉辦過神社聯合祭典，企圖整合漢人民間信仰與日本神道教的祭儀，並興建神社，如爾後改建成基隆忠烈祠的基隆神社。

⑥

包容尊重的禱告室：近年來，由於台灣社會對於移工工作權益的重視漸增，於基隆從事漁業的印尼漁工在漁會與政府的協助下，在港邊有了能夠自主管理的禱告室。可見政治經濟條件的變遷與社會意識的演進仍持續影響不同族群的宗教信仰來到基隆。

現代文化活動

依海而生的基隆，隨著時間潮流一直在變動、進化，基隆的現在進行式，正是互動與共創不斷挖掘、改變基隆印象的過程，透過活動、展覽、音樂會等形式，基隆正逐漸摸索出這座城市獨有的動能與特色，孕育出其他地方見不到的狀態與景象。

① **基隆潮藝術**：以藝術參與海洋、環境與文化等面向。透過工作坊、裝置藝術、海上美術館等，邀請民眾挖掘不同的海港風貌。

② **基隆海洋黑鳶嘉年華**：以基隆市鳥命名，並結合藝術創作與海洋保育主題的遊行活動，舉辦於每年六月最後一個週末。

③ **基隆潮境海灣節**：以傍海而居的生活特色為主題，每年七、八月舉辦藝文活動，包含音樂派對、海底影像展等。

④ **正濱港灣共創藝術節**：由基隆在地組織星濱山團隊發起，透過邀請在地居民、藝術家駐港創作，藉由策展、導覽等活動，為正濱海港注入活水。

⑤ **基隆童話藝術節**：結合童話藝術與海洋議題，傳遞海洋保育觀念的重要性，舉辦於每年兒童節前後。

⑥ **基隆市跨年晚會**：自二〇一四年起，基隆市政府將跨年晚會轉型成以獨立樂團為主軸，伴隨煙火與漁港風情，為每一年的尾聲劃下美好的句點。

⑦ **小旅行導覽體驗**：由基隆在地組織發起，較知名單位如雞籠卡米諾、雨都漫步，透過城市散步、導覽，說出基隆在地的故事與文化。

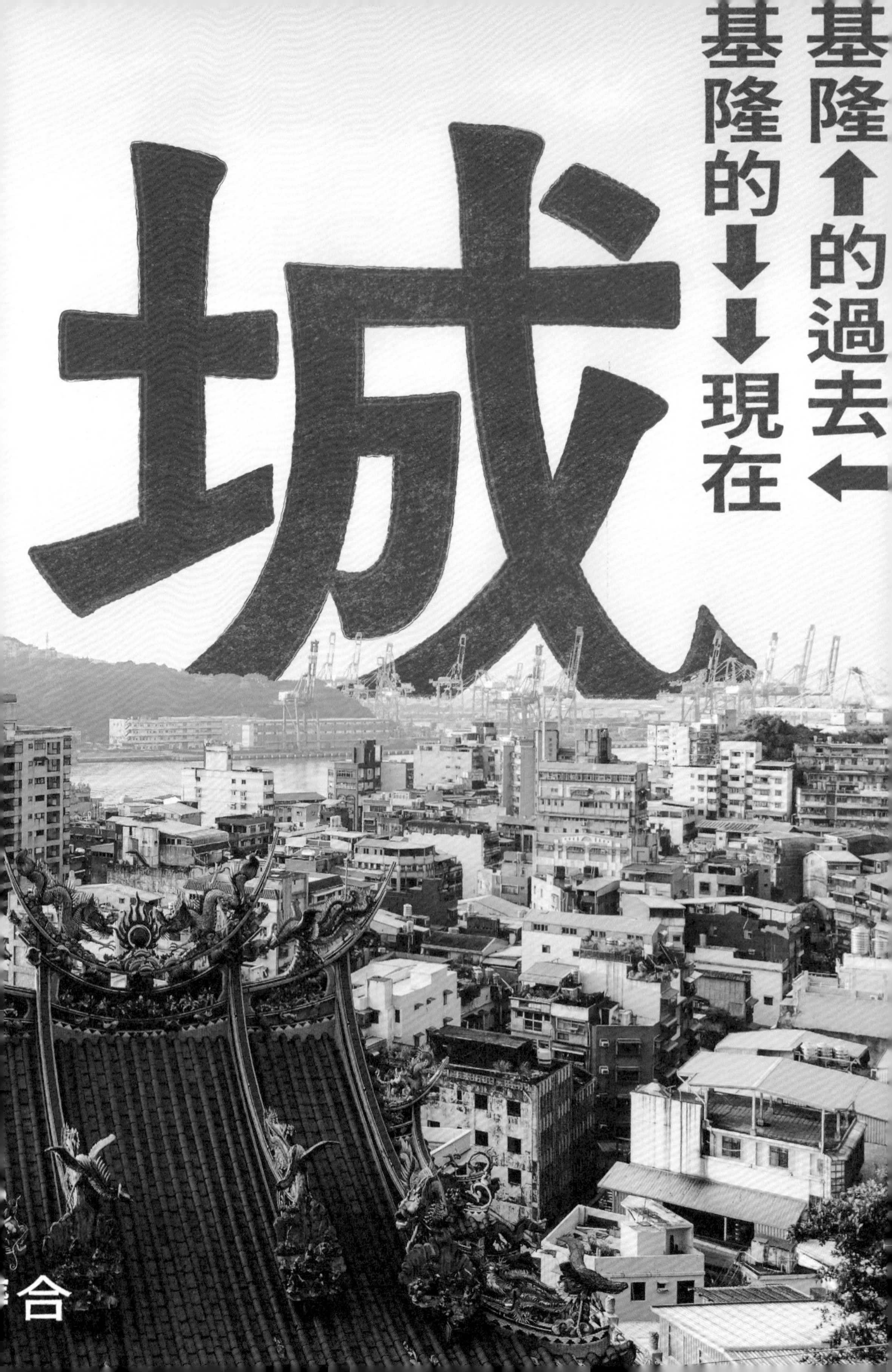
基隆↑的過去←
基隆的↓↓現在
城
合

基隆這座城市的性格，是隨著時間的更迭慢慢地在這塊土地上長出來的。它是一個充滿各種可能性的城市，來自不同族群文化背景的人們，總是能夠為這個地方不斷注入新的生命，透過持續地移動往返，既保有自身的可塑性，也讓彼此間得以碰撞、摩擦及磨合，創造出各式各樣讓人意想不到的生活樣貌。也因此，若想真正了解這座城市的底蘊，我們無法、也不可能忽略曾經或是正生活在這塊土地上的人群面貌。人們的日常生活究竟如何影響這座城市的成長軌跡？城市空間又是如何因為人群所創造出來的意義，在不同時空的脈絡之下，不斷產生新的歷史記憶與使用型態？

在這座由山海交織而成的城市裡，我們首先從「聚落發展重心的改變歷程」做為認識基隆的切入點。簡單來說，一般大眾較耳熟能詳的廟口夜市與市中心一帶，其實並不太算是這座城市發展的起點，跟著先人的腳步，我們大致能夠從今日的和平島、基隆港西岸、東岸以及更外圍的市郊區域，一路理解基隆究竟如何逐漸形成我們今日所認識的面貌。不能被忽略的是，歷史從來都不只是歷史，這座城市的過往既影響著現在正居住於這塊土地上的人群，又得以讓人們更了解自己，並帶著屬於自己土地的歷史，及藉此所養成的性格，更穩建地向未來走去。

#城市性格 #山海交織的城市
#移動往返的文化記憶 #碰撞摩擦
#日常生活——#城市空間——#歷史記憶——#基隆

基隆城市裡的歷史痕跡——大基隆歷史場景地圖

文字／周鈺珊
插畫／Dofa

踏入基隆城，舉步皆得以窺見台灣四百年歷史來去痕跡。而眼前所見之建物、堡壘、砲台，它們不僅僅是古蹟，更是串成當代基隆城市風景的重要元素。因而如要理解當代基隆，便需將每一段歷史爬梳，才能更加接近地去理解什麼才是屬於基隆自己特殊的文化面貌。

由文化部於基隆市推行的「大基隆歷史場景再現整合計畫」，計畫自 2017 年開始，盤點基隆人文、自然資源，並以城市角度整合規劃，至今（2020 年）基隆要塞司令部校官眷舍（⑤）、基隆要塞司令官邸（⑥）已修復完成，其他則陸續建成中。期望透過再造歷史現場，強化文化空間治理，形塑文化資產保存意識並保留歷史記憶，且融合至現今地理特色當中，打造文化觀光廊帶。

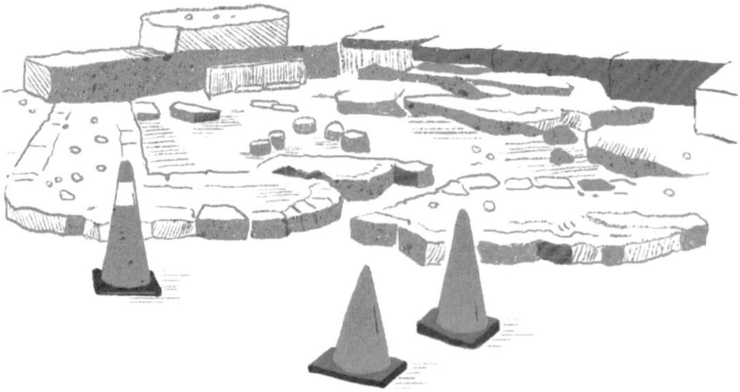

①和平島諸聖教堂遺址

荷西時期西班牙人興建的教堂，在當時的聖薩爾瓦多城附近，現今遺址位於平一路的停車場下方。

②漁會正濱大樓

日治時期漁業產業建築「水產館」，周邊有漁市場、魚箱廠、製冰廠、漁業無線電局等相關產業圍繞。

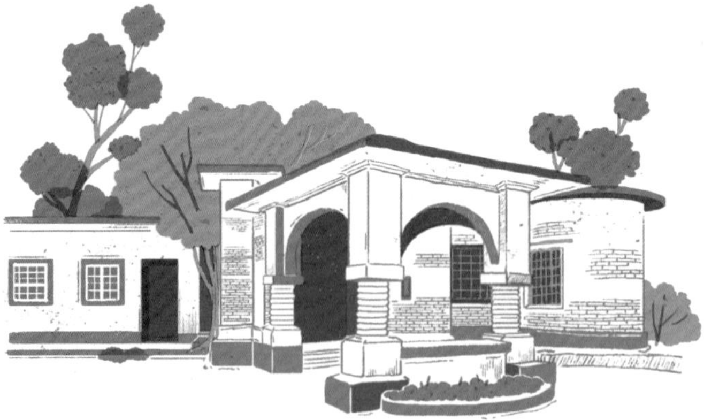

③旭丘指揮所

建於一九三〇年代，位於旭丘山上，在日治時期曾為台灣八景之一，以日出聞名，是北部重砲兵部隊之指揮單位。

④基隆要塞司令部

一九〇三年正式設立，為日治時期北台灣最高軍事指揮中心，建築設計反映基隆氣候特色，建材則使用當時最現代化的鋼筋混擬土，凸顯其地位。

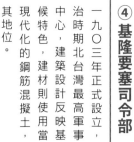

⑤ 基隆要塞司令部校官眷舍

位於大沙灣海水浴場（已填平）邊的校官眷舍，為駐守於司令部的校官居住的宿舍。挑高的地基及大排水溝為其建築特色。

⑥ 基隆要塞司令官邸

建立於一九三一年，二〇〇六年登錄為市定古蹟。前身為基隆流水巴士社長宅邸，外觀仍保留日式建築的傳統風貌。

⑦ 白米甕砲台

白米甕砲台位於基隆港口西岸高地，其確切興建年代已不可考。砲座的側牆以玄武岩條築成，由水泥砌成的子牆仍可見當時的儲彈孔，保留完好。

十七至十九世紀的基隆

#巴賽人 #製鐵與水上貿易
#西班牙人 #聖薩爾瓦多城
#和平島諸聖教堂遺址
#荷蘭人 #北荷蘭城
#街市與宮廟中心的串連

文字／賴奕諭

在基隆，人群生活軌跡比文字記載的時間還要來得久遠。早在十七世紀前，基隆便是北台灣水域社會交易體系的重要據點之一。根據基隆在地的考古挖掘紀錄，如以台北盆地為中心並延伸至北部沿海地區的圓山文化，還有十三行文化晚期的舊社類型，都顯示出史前人類透過北台灣當時發達的水上交通，形成了一個在地與外來商品大量流通的商貿體系。在現今和平島地區的巴賽人，即是農耕社群外擅長並掌握交易網絡的一群人，我們甚至可以從近年來於和平島出土的疑似煉鐵爐的構造中知道，巴賽人同樣擁有製鐵的生產技術，這對十六、十七世紀之前相當仰賴鐵器的島內其他居民而言，是尋求與之貿易的重要動力之一。

也正是因為巴賽人的製鐵與貿易技術，當西班牙人企圖從馬尼拉來到基隆建立新據點之時，他們首先便奪取了巴賽人在和平島港口入口根據地，更燒毀了他們的房舍與存放糧食的倉棧，以此確立地方主導權。在短短不到一年的時間內，西班牙人即於島上建成了聖・薩爾瓦多城（San Salvador）以及聖・安東堡壘（San Antón），更在往後不到十年的時間又陸續建造了聖・路易斯堡（San Luis）及聖・米蘭堡壘（San Millán），目的是為了要箝制當時已於南台灣建立據點的荷蘭人。連帶在周圍興建教堂、醫院，我們現今所見的和平島諸聖教堂遺址即是如此，另外還有因漢人移民逐漸發展

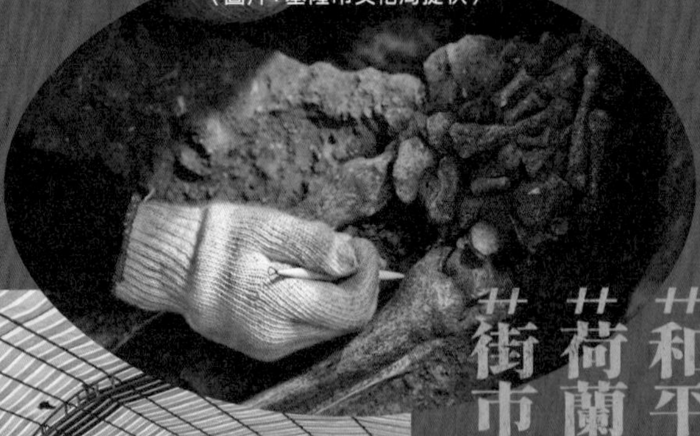
（圖片：基隆市文化局提供）

和平島諸聖教堂考古遺址

出來的福州市街，這些建設與發展，使和平島成為了西班牙人勢力範圍內重要政經中心。後來成功驅離西班牙政權的荷蘭人並沒有打算積極經營北台灣，因而只修復被他們所攻破的聖．薩爾瓦多城為北荷蘭城堡，與隔岸和平島的軍事防禦工事共同扼住港口。只不過這些建設多半在荷蘭人最後撤離時被他們自己給摧毀，沒有留下太多的線索為後人所知。

在那之後，基隆聚落發展的重心轉移基本上可以從漢人移民所興建的宮廟看出一些端倪。比如由漳州移民原先於外木山建成的奠濟宮，以及早期漁民在虎仔山腳祭祀媽祖的慶安宮，陸續隨著漁民築漁寮、發展市街的路徑，於十九世紀遷建至今日的基隆市中心一帶。順著河流一路向七堵、暖暖等內陸地區發展的泉州移民，則在基隆河中游河畔、台北至宜蘭的中途站建立了一個以水運為核心的聚落，並修築現在位於暖暖的安德宮。而清官道的鋪設、基隆廳通判署的設立，以及十九世紀後半基隆城隍廟的建成，不僅更明確地將各街市與宮廟中心給串連起來，這些空間的出現也使得今日基隆市中心發展雛形大致抵定。然而，在清國治理基隆絕大多數的時間裡，現今的基隆港還沒有像是日治時期以後如此重要。有一說是港口若闢建碼頭、船塢、煤炭補給會遭列強覬覦，因此火車站遠離岸邊，也無棧房作為貨物中繼站，這讓當時在台北地區生意做得有聲有色的茶葉與樟腦業者也鮮少想到要從基隆的港口出口。

在基隆，人群生活軌跡比文字記載的時間還要來得久遠。

奠濟宮

慶安宮

日治時期的基隆

文字／賴奕諭

成爲現代化都市的第一步

相較於清治大多時候的消極治理，日治時期的基隆於都市空間的規劃有著徹頭徹尾的極大改變。首先，基於殖民地的戰略需求，日本陸軍部計畫性的將基隆要塞化。除了修繕過去統治者所遺留下來的軍事設施外，日本人更在此處建立基隆要塞指揮所（一九〇九年更名為「基隆要塞司令部」）。同砲兵部隊的旭丘指揮所、衛戍病院、各官校眷舍與數座西式現代化砲台，他們企圖以此打造出「北台灣的軍事指揮中心」，直至今日，被保留下來的建物都仍是基隆地區顯著的軍事文化景觀。

除此之外，做為距離最靠近殖民母國的港口城市，基隆往往是許多日本人來到台灣的第一站，也因此成為最先被打造的現代化城市，如自一九〇五年便開始施行的「市區改正計畫」，不僅將原先的市街以棋盤式的布局重新做規劃，也整治了流經市中心的數條河川，例如將西定河與南榮河的下游河道整併成一條名為旭川的運河；而原先為河灘地的田寮河與牛稠港，也在這段時期分別整治為運河及碼頭。這當然不表示過程中並未遇上任何阻礙，在市中心大規模的地盤重整與道路整建之後，有大批民眾遭逢改建家屋的問題，所

> 做爲距離最靠近殖民母國的港口城市，基隆往往是許多日本人來到台灣的第一站，也因此成爲最先被打造的現代化城市。

博愛市場

基隆要塞司令部許可一六五

高砂公園（圖片：雞籠卡米諾提供）

幸有一些政府與台灣的仕紳、商人合資興建的公共住宅，才得以稍微緩解情勢。今日基隆在地人與觀光客口耳相傳的美食集散地仁愛市場，其前身便是一九二二年專為台人而設的、名為「基隆博愛團」的公共住宅。

現代化機構與設施的引入

事實上，不只是城市空間整體規劃的調整，不少現代化機構與設施也在日本殖民之初被引入基隆，比如一八九五年大阪中立銀行在基隆設立的出張所，是台灣第一個現代銀行；因慶祝嘉仁皇太子（即後來的大正天皇）新婚而建的高砂公園，不僅是座幅員廣闊的新式生態公園，更成為日治時期台灣民眾的熱門觀光去處；同樣因為皇太子新婚而設立的公會堂，除了是全台灣第一座公會堂之外，後來亦成為舉辦日人慈善音樂會、佛教布道與內地長官視察宴會的重要場所；一九〇二年完工的暖暖淨水場，與西勢水庫做為台灣第一個專供民生用水的自來水系統。這些空間的形成讓基隆和同時期台灣其他城市相比，可說是走得相當前面。

當然，一座城市在開始有了巨大的轉變時，附著於部分空間的記憶也往往會隨著相異人群的進駐而有不同意義產生。像是位於基隆港東岸的沙灣地區，因直接面對海港入口，曾於清治後期多次遭受戰火波及，一八八四年的清法戰爭，法國海軍遠征艦隊總司令阿梅代．孤拔（Amédée Courbet）便於大沙灣登陸，造成交戰雙方死傷數量相當可觀。而這個曾被稱呼為「孤拔濱」的區域，雖然在後來也同樣成為日軍進攻基隆的登陸點，然而日人統治後在此處設立了一座海水浴場，使得許多老基隆人對於該區域的印象，並非是當初的「孤拔濱」，反而圍繞在懷念海水浴場的娛樂生活。

象徵潮流的海水浴場與基隆銀座

說起海水浴場，其象徵著日治後期以觀光及國民健康訴求為賣點的施政方式。也因此，日本政府不僅大力宣傳大沙灣海水浴場，其後來接手經營的基隆青年同志會亦積極舉辦煙火大賽、帆船競賽、海中探寶與相撲等各式活動，由基隆市役所和私人經營的休憩館如雨後春筍般地出現，火車站甚至設有小蒸汽船的接駁站，提供給遊客搭乘。此外，為配合「始政四十週年記念台灣博覽會」而於一九三五年興建的基隆水族館，也位在海水浴場旁，除魚類實體展示及靜態標本、圖書資料外，該館更一度有海女表演潛水供民眾觀賞，這些都是人們在多年以後仍津津樂道的回憶。

日本人在基隆也不會是只發展原先便存在的市街而已，為了妥善照顧搬遷至台灣定居的國人，日本政府開始往基隆港以東的義重町進行建設，也就是今天的中正區一帶。當時的義重町，除了是日本人的住宅區之外，因為商業街道、高級娛樂區林立，而有「基隆銀座」之稱。人們可以在商店街裡找到菓子店、眼鏡鐘錶、西點麵包、日本料理等各式本土及舶來商品，還可以逛到基隆兩大吳服商所開設的岸田吳服店與金越吳服店，他們甚至能夠拜訪在當地的石坂文庫——台灣第一家完全免費閱覽的私人圖書館。如此看來，許多流行與前衛的商品及服務都能夠在當時的基隆找得到，也難怪這座城市在那個時候就已經成為台灣民眾趨之若鶩的觀光勝地。

帶來財富的基礎建設

基隆其實不只是此般現代化都市的樣貌而已，日本政府當時在這座城市的發展，還包括延續清治後期便已經萌芽的煤礦、金礦開採事業，一九〇五年，日本政府於田寮港煤礦設置蒸氣鍋，並開始推展機械採

#台灣第一座現代化都市 #海水浴場 #基隆銀座 #觀光及國民健康 #流行與前衛 #基隆港

基隆銀座（圖片：雞籠卡米諾提供）

礦之後，除引進新技術，更逐漸開放一般台灣人申請租用煤田並取得採礦權，煤田開採因而遍地開花，在一戰之後甚至曾出現生產過剩的現象。這些發展，不僅為基隆的居民帶來更多的財富與基礎建設，來自全台各地擁有採礦夢的工人、於三〇年代由日人招募來台採礦的溫州人，都重新為這座城市迎來不太一樣的族群文化景觀。而靠著礦業起家的台灣人，如經營台陽礦業株式會社的顏家以及三峽炭礦株式會社的林開郡，則分別在基隆留下了顏家陋園與林開郡洋樓等建物，讓後人得以藉此窺見採礦事業過往榮景。

至於過去曾經是基隆聚落重心的和平島，在這段時期則因為國家政策轉變有了不同的光景，日本政府將原先於內港的三沙灣漁港，遷至連接和平島與基隆市區的八尺門水道處，將其打造為基隆漁業的專用港──這座後來是日治時期台灣規模最大、設備最完善的漁港，不僅吸引諸多日本漁民前來定居，更讓和平島成為當時全台灣規模最大的琉球人聚落。包括日本人引入的漁撈與採集石花菜等技術，還有受此極大影響的水產產業及聚落型態，都是我們現在所理解的戰後基隆社會文化不容忽視的歷史經驗。今日我們所見到的正濱漁會大樓，便是在日治時期所興建的「水產館」。而這個在當時便已是水產事業核心的機構，在戰後仍繼續發揮它的作用，是基隆漁業輝煌光景的歷史見證之一。

大沙灣海水浴場（圖片：雞籠卡米諾提供）

戰後到現在的基隆

文字／賴奕諭

#時代動盪 #人群遷徙與空間轉變 #人人都是新移民 #韓僑與琉僑 #美軍文化 #海上來——#島內來

戰後之初的基隆，因是日人撤退及國民政府接收台灣的主要出入點，儼然成為台灣當時備受關注的重點之一。除了大批需遣返的民眾皆聚集到基隆等待船隻接送外，由於基隆是日治時期重點發展的城市，新政權必須面對這個在太平洋戰爭期間遭美軍大舉轟炸的市街與港口，也因此，理解政權交替之際人群遷徙及政府接收整頓工作，便是認識戰後基隆發展一個重要的切入點。

時代動盪下的人群遷徙

曾經在戰後基隆有過相當程度規模的韓國與沖繩社群，在當時並不被國民政府承認是日本屬民，因而特別在遣返名單中被區別為「韓僑」與「琉僑」。有些人同少部分的日本人，一開始便被官方機構留用以維持基隆水產業的運作，也有些人是在日人與官兵優先遣返原則之下，最後因無法搭上船而被迫滯台；其中，國民政府又因不願輕言放棄對琉球主權，而使得「琉僑」一度對於去留問題感到無所適從。這些人多半在二二八事件之後，因國內對日僑與琉僑留用政策的批評聲浪而回到故鄉，而留下來的人則依然透過組織韓僑協會、琉球人民協會等方式，在基隆有著緊密的互動網絡；定居於基隆的韓國人，甚至因韓戰期間一波韓國人來台避難，一度在基隆留下了韓國街、韓僑學校與韓國教會的痕跡。

林開郡洋樓
（前美琪酒吧）

除此之外，不能忽略的是隨著國民政府來到基隆的移民潮，除了伴隨他們而移入的各種文化，還包括國家力量對日常生活的影響。如在台日人原先聚居的義重町中，有一名隨國軍來台的軍官開辦了「自立書局」，是基隆第一家繁體中文書店，這間書局的成立是因為當時大多數的台灣人日常用語為日語與台語，市面上也往往只能找到日文書，於是自立書局便利用基隆港的地利之便，透過船員協助與上海出版社洽談書籍進口；而同樣位於義重町的基隆神社，則在國民政府接手後改為忠烈祠，如今在改以中國北方宮殿建築形式修築之後，僅能夠見到部分由神社建築遺留下來的狛犬、石燈與參道。

時代動盪下的空間轉變

事實上，在日本人大舉退出台灣後，基隆許多城市空間的使用型態也跟著改變，例如原是觀光熱門景點的高砂公園，因戰爭期間遭空襲而殘破不堪，戰後許多沒有去處的移民便在此搭建房舍，現今我們只能以公園頂、公園底的地名遙想當時的景況；而位於田寮河南岸，原先以遊廓等煙花場所聞名的基隆小北投，也同樣湧入了大批新移民，信義市場一帶自此成為基隆著名的眷村菜市場；著名的岸田吳服店也在岸田一家被迫返回日本後，由其台籍廚師接手原店址，改經營「小上海酒家」，成為戰後有一段時間許多礦工聚會的知名聲色娛樂場所。

當然，光憑大批新移民進駐到基隆並無法復甦街市，一九五〇年代因韓戰爆發之故，美國與台灣簽訂「共同防禦條約」，從那時開始，大量輸入至台的美援不僅成為重建市鎮和港口的及時雨，基隆亦在此時逐漸成為美國官兵休假與物資補給的中繼站；而越戰的開始更是將基隆帶往另一個高峰，基隆港周邊街區四處可見美軍的蹤跡，酒吧文化、各式娛樂場所、

日治時期的岸田吳服店（圖片：雞籠卡米諾提供）

> 縱使基隆人已經不若過去那般持續地從海上來，也仍是不斷地透過各種移動的經驗，回過頭來滋養這座依多元文化而生成的城市。

情色服務與委託行等產業也因此蓬勃發展。其中，光洋派酒吧在全盛時期就有十八家，政府還為此特別在基隆放寬舞禁的限制，而區位極好的林開郡洋樓在當時甚至被承租下來，成為了紅極一時的美琪酒吧。

此時的基隆，吸引到的不只是美軍，還包括來自全台各地的民眾，在戒嚴時期，基隆做為開放港口國際門戶，便有許多人因日益興盛的港務與貨櫃產業選擇到此尋求工作機會，也有人是看上了在台灣其他地方難以取得的各式舶來商品，專程來到基隆消費。直到越戰結束、美軍撤退，酒吧與娛樂場所的顧客由美軍轉為各國商船船員，早期以日本船員為主，後來則轉為韓國及菲律賓、泰國等東南亞國家的船員為主；而解嚴之後的基隆，則因為舶來品不再是難以取得的商品，漸漸失去昔日的榮光。

基隆這座城市的空間景觀，在那段經濟快速成長的歲月裡有了不小的改變，這些變遷不但成為一種時代的見證，也造就了基隆今日的模樣——田寮河沿岸快速消失的無數家木材行，在四、五〇年代之前一直都是基隆大多數房舍的建材供應來源，卻在戰後市中心大規模整建的過程中，因人們不再選用木頭造屋，而日漸失去原有的重要性。還有那些持續不斷從台灣各地遷入基隆的移民，讓政府決定將功能逐漸式微的河川加蓋，陸續建成住商混合的東河大樓以及相連在一塊的明德、親民、至善大樓。這種一、二樓市場，三樓以上為住宅的建築設計，在當時的基隆蔚為一陣風潮，落成之後也往往帶動了周遭的商業發展。

現今崁仔頂魚市旁的大樓即是一樓市場，二、三樓住家

逐漸分散且多元的城市重心

與此同時，更多的新移民也往基隆的市郊擴展其勢力範圍，城市的重心變得更為分散且多元，有別於日治時期日本人多往基隆港以東的方向開發，六、七〇年代則改向西邊丘陵地形的安樂、七堵與暖暖等區發展，許多外圍城鎮連結道路以及山坡地住宅的陸續出現，七〇年代由政府支持的安樂國宅示範社區便是一例。在近幾十年來逐漸有新興發展的安樂、七堵與暖暖等區，隨著人們的移動條件越來越好，也在基隆成為台北的衛星城市後尤以重要，因為它們往往是許多前往台北求學、工作的通勤族選擇居住的地方。

基隆的城市發展重心從一開始以和平島為核心，慢慢移轉到今日的市中心一帶，現在則有遍地開花的趨勢，縱使基隆人已經不若過去那般持續地從海上來，也仍是不斷地透過各種移動的經驗，回過頭來滋養這座依多元文化而生成的城市。

以文化立足的未來之城

文字／劉玟苓

在看向基隆的未來之前，我們或許可以先試著回望基隆的過去——從十九世紀自遠方而來歐人的稍作停留，至清治移民的信仰、日治的建設與戰後的國際之窗，經歷了漫漫百年的時間軸線，基隆的過去可以說是一部高潮迭起的台灣縮時。

然而，有浪起便有浪落，過往繁盛的基隆始終讓人回味，現今的基隆面臨多不勝舉的城市議題，其中最核心之問便是如何再次邁向下一個繁盛？或許唯有持續認識腳下的這塊土地，才能得到解答。

作為一座充滿各時代痕跡的城市，無論是大至無法忽略的建築體，小至曾經忽略的生活習慣，經過許多人的梳理與認識，或能從中挖掘出是什麼樣的脈絡相疊交織成現在基隆充滿文化的面貌，探索出是什麼樣的支架堆砌成如今基隆富有人情的味道。近年逐漸找回自身故事的基隆，無論是古蹟修復、田野探巡、地方考察，或是憑此長出的創新能量，基隆開始以其百年歷史為智庫，慢慢描繪出屬於這個文化共同體的理想模樣。

唯有持續認識腳下的這塊土地，
才能得到解答。

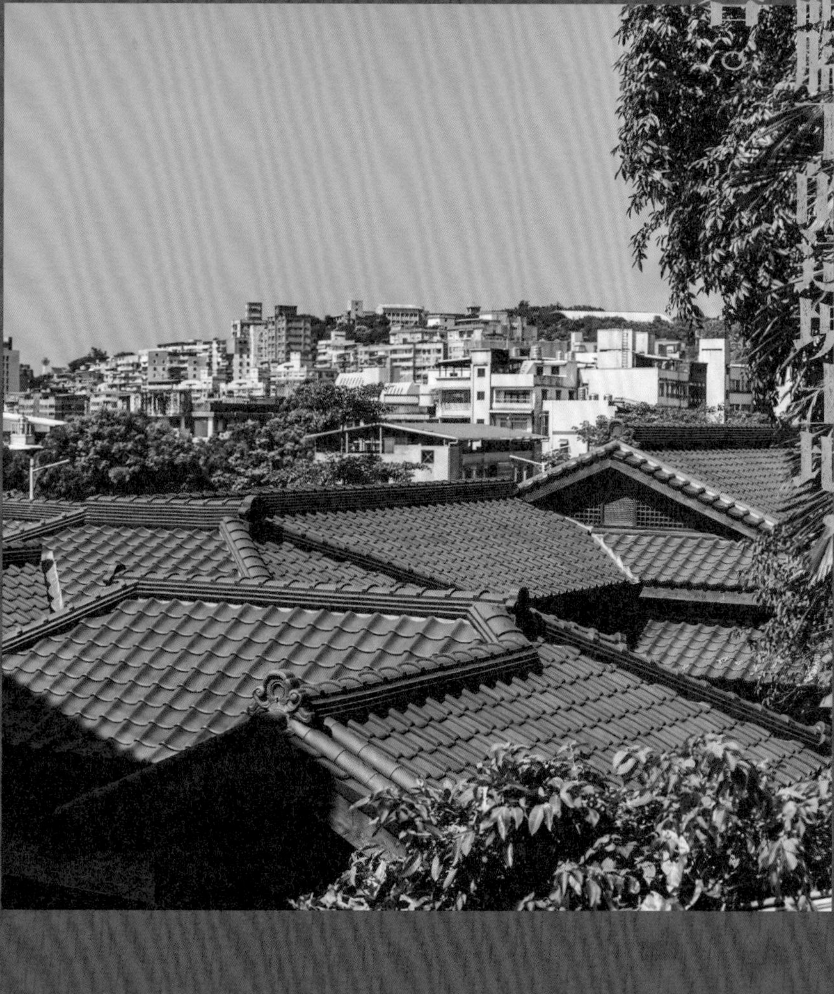

基隆的現在

基隆的多元文化，來自於居住於此的基隆人，在各自日常的生活裡積累、創造、摩擦、融合不同的生命經驗與生活智慧，此單元記錄了多位——長於基隆、遷至基隆、回到基隆的「基隆人」，呈現出了屬於在地的當代基隆群像；他們曾經離開、他們現在回來、他們原本不屬於這裡、他們現在屬於這裡、他們在這裡生活、他們在這裡承接歷史開創未來，他們在這裡開始對這座城市有所想望。

回 / 來基隆人物群像：一起打造未來基隆城

用一生，見證基隆文史百年變遷——慶安宮主委童永

爬梳腳下的歷史，轉譯土地的文化——雞籠卡米諾主理人單彥博

用走路和基隆文化歷史交往——基隆要塞司令部官邸前住戶李清瑞

屬於「基隆體」的文化策展現況——當代藝術展覽策展 / 製作人郭一萱

返回基隆，汲取土地文化的創新之路——阿普蛙工作室主理人吳健毅

創造一個在地多元的停留之地——無用學堂主理人鄭詩怡

用基隆元素揉出在地口味——朋廚創辦人王兆豐

用藝術更靠近海一點點——星濱山主理人林書豪

從生活開始的地方爬梳——資深飲食記者陳志東

外地到本地的人文日常觀察——FLOW CAFÉ 創辦人 Ken

回／來基隆人物群像：
讓回來基隆成爲一個眞實的選項

文字／周鈺珊、劉玟苓
插畫／Lucyyao

回基隆↓

文化局局長陳靜萍——

在基隆，是歷史的斷面成就了這座城，也是文化的結晶完整了這座城。當時我希望回到基隆，很重要的原因之一，就是試圖與大家一起在有限的資源裡面，跟著這座城市重新找回過去無限的光榮與自信。

都市發展處處長徐燕興——

在我心裡，基隆一直都是一個有記憶、有歷史的城市，卻很可惜地在歷史的洪流裡逐漸被邊緣化。我是基隆人，我真心希望，基隆這座美麗的城市，能再次成為所有基隆人的歸屬。

社會處處長吳挺鋒——

回到基隆，能夠有機會把過去積累的歷練與想法付諸實踐，讓更多人知道基隆的改變，讓我們的基隆能夠成為一座『沒有圍牆的城市博物館』，對我而言，我一直認為返鄉工作是一個很好的參與機會。

都發處建管科科長黃秀萍——

基隆是一座有魅力的城市，在基隆，我們可以看見她深厚的歷史脈絡對於環境、建築空間的塑造影響很深，這對於學建築的我而言，參與這個正在轉變的階段，是相當、相當有趣且具挑戰性的過程。

文化局局長室機要專員戴瑞儀——

『回基隆』是屬於基隆人再日常不過的咒語，但從心裡狀態到實際發生，最後推動成為一個屬於城市的時代現象，我希望它大量發生在每一個熱愛與關心土地的任何一個人身上，都能在這裡好好生活，享受著。

「回／來基隆，可以是人生中的一個選項嗎？」

這裡說的回／來，不是指晨去晝回的暫住，而是真實地待下來，成為推動改變的其中一份子。這在其他城市，或許是個不太需要思考地那麼慎重而深刻的選項，然而對於基隆人而言，卻是你必須要先對這座城市的未來有很高的意識，很深的渴望，以及莫名所以地放不下。

此單元盡可能地呈現了真實的「在基隆」心聲，訪談了10位來自極低流動率的市府團隊成員，問問他們「為了什麼而回／來？」。或許在那些困難重重政策推行的後面，他們與一般人無異，就是很單純地希望，基隆可以成為更多、更多人真的「回得來」的家。

來基隆←

產業發展處處長黃駿逸——

近幾年，我觀察到其實有越來越多『不是在地的』基隆人，因為工作等因素來到基隆，我也是其中一份子，我是新北板橋人，居住在台北，並來到基隆服務五年多，在這段時間裡，我感受到的，是北北基的都會生活圈慢慢連結在一起，我們不一定有血緣或者地緣關係，卻慢慢建立起對基隆的身份認同。

交通處 處長李綱——

作為國家門戶的基隆，我們擁有深厚的歷史底蘊，因此我希望能與夥伴一起，藉由梳理本市歷史文化脈絡，瞭解空間與環境的演變關係，期望重新連結我們與土地的歷史記憶，讓更多基隆的孩子對這塊土地自然而然地產生認同。

觀光及城市行銷處處長曾姿雯——

我曾在高雄推動海港觀光，當時的經驗讓我更加了解海港城市能發展的特色及優勢。而離港更近的基隆城，我希望能參與其中，將所學實踐，與夥伴一起翻新、打造『時尚、藝術、浪漫』的海洋國家門戶。

文化局文化資產科科長
郭麗雅——

起初，我其實是很擔心基隆的城市歷史文化累積比較少、沒有辦法闡述清楚的；然而，讓我意外的是，透過參與基隆的歷史場景再造，我發現基隆成為了整個再造歷史現場計畫中，具有指標性的城市範例，是能成為基隆的驕傲的！這同時也說明，在思考一座城市的未來之際，站在歷史軸線上來盤點整個城市的文化，這件事情是重要且可行的。

都市設計科科長
陸道宏——

關於來到基隆，我其實沒有想太多，機緣的成分佔了多數。然而在執行計畫時，我一步步地感受到了，基隆歷史的點、線、面一個一個地被串連了起來，感謝這個沒有想太多的機緣，讓我也能參與找回身為基隆人的身份認同。

用一生，見證基隆文史百年變遷

——慶安宮主委童永

文字／許慈恩

> **最好的時候，就會變壞；最壞的時候，就會變好。**

「我來慶安宮是六十八歲，現在九十四歲了。剛開始是做建設組長，後來才被選當主委，那時候你都還沒出生。」身為基隆在地人的童永笑著回憶。

作為基隆在地悠久而意義重大的信仰中心，慶安宮存在的兩百四十年裡，童永擔任慶安宮主委任期已超過二十年，不僅僅是參與了基隆信仰中心的事務，童永的人生也見證了基隆文化變遷的時間歷程——

回顧個人生命，童永十來歲便從萬里到基隆討生活，經歷日治、國民政府來台、解嚴又戒嚴，問起如何看待地方的高漲與低落，童永只是意味深長地說：「最好的時候，就會變壞；最壞的時候，就會變好。」屢試不爽，就像他年輕時，基隆曾是人人趨之若鶩嚮往的所在，「以前日本人的時候，基隆最好賺食（台語：tsuán-tsiah，謀生），因為有礦坑、有火力發電廠等。那時候基隆很好，滿山都有人住。」不只機會多，更是聚集著最時髦的一切，日本和香港船帶起的委託行熱潮；第七艦隊巡航，傳入酒吧文化。「以前世界各國的東西都從基隆進來，Bar有近百間。」而那最繁榮不過的城市，後來，面臨人口銳減、港口沒落，再後來，又開始有年輕人願意回來。

總之，歷史的來回擺盪再尋常不過，對於看盡輪轉的童永來說，不需要急什麼，做好自己的事之後，只管等著時機來臨再起即可。

爬梳腳下的歷史，轉譯土地的文化

——雞籠卡米諾主理人單彥博

文字／許慈恩

單彥博與夥伴高庭茜

「基隆的西岸和東岸很不一樣，以前日本人在西岸發展碼頭，東岸是新市鎮、是住宅。有住宅就會有商業啊，但西岸只有貨物、工人和碼頭。」攤開日治時期的舊地圖，雞籠卡米諾的主理人單彥博比劃著講解起最近著手的西岸研究，目前正處於盤點議題、比對時間軸的普查階段。

從紡織專業跳槽歷史研究，對單彥博來說，只有一個砲台的距離，「第一份工作結束後，我去留學，在國外就發現跟自己住的地方好不熟。開始了解之後，因為喜歡軍事議題，就對基隆的砲台很有興趣。」後來，砲台看久了，他發現歷史上的軍事發展與整個基隆的要塞有關，於是從港口、煤礦、產業，到最近的西岸歷史普查，令人好奇的題目一個接著一個冒出，在廣袤的歷史當前，只能頭也不回的越涉越深。

「其實某種程度來講，這很幸福；但另外一方面，還要去思考這些東西如何能養活我們？」當歷史的興趣成為本職，艱深的部分如何轉譯、產生共鳴就成了最緊要的憂慮。單彥博坦白爽朗地說，「我會覺得，卡米諾要能繼續存活的話，他要能自己活下來。」依賴政府案源不夠健康獨立、太過熱血就會不夠務實，他深諳一個研究導向的團隊駐紮基隆，腹地不大就得步步仔細。

「你看這本民國三十六年的年鑑，裡面提到基隆市中心會在七堵，六堵會有動物園、港區會有植物園，然後五堵打算蓋飛機場。」翻閱過去看來不可思議的都市計畫，單彥博盤點四處蒐羅來的史料，二手書、市志、老地圖和明信片，城市浮沉起落的關鍵就在書頁之間。「基隆其實有台灣的三個起點——鐵路的起點、公路的起點，還有水準原點（海平面零的起算點）。」以歷史為藍圖，正在湧起的基隆浪潮，他總覺得有可能再創高點，「拿觀光來說，我們有很好的過去歷史的脈絡，觀光只應該是帶出地方優點和故事的手段。」或許，要能不隨浪起而迷航，歷史之鑑始終是可靠的指南之針。

雞籠卡米諾辦公室收藏著許多基隆歷史文本、資料。

用走路和基隆文化歷史交往

——基隆要塞司令官邸前住戶李清瑞

文字／周鈺珊

經過整修的基隆要塞司令官邸

「基隆有一些老房子，都會被傳說是鬼屋。我後來才知道，我們家也被都市傳說認為是其中一個。」位於法國公墓附近，正豐街與中正路的交接處，有一間日式風格的建築，檜木的外觀，石頭堆砌環繞的矮牆——這裡是「基隆要塞司令官邸」，也是基隆人李清瑞（小歐）的舊家。

一九四五年，原為日治時期私人住宅的「基隆流水巴士社宅」，被設置為基隆要塞司令官邸。在最後一位姜司令及其眷屬於一九五七年遷離後，小歐一家人輾轉透過親友的介紹，才在一九七七年轉移地上權並搬入居住。自小歐有記憶以來便一直居住在這個屋子中，一切自然而然，沒有太多的歷史意識。

重新回過頭來認識家鄉基隆、反思自己過去居住的環境與歷史，是在二〇〇九年完成了「四國遍路」的壯舉之後。受到日劇《迷路的大人們》（Walkers 迷子の大人たち）的啟發，小歐以自己的雙腳，走遍日本的四國，拜訪了八十八座佛寺，對於日本四國的熟悉更甚於台灣、更甚於基隆，「我覺得這不太OK，所以我想要逛逛自己的家，基隆這地方。」自此，小歐開始以「走路」來認識基隆這座城市。

偶爾天氣晴朗，小歐會散步到和平島或是暖暖，一方面是為自己的「大基隆主義」做準備——覺得基隆人應該要更有自信。因此只要有機會，便邀請身旁的友人到基隆走走，帶著他們建立起「與基隆交往的習慣」。時至今日，一同與小歐回到她的舊家，那些原本陰森的都市傳說，在長大之後也因為多了一點了解，也就少了一點害怕。

「對我來說，房子感覺是一個人，是家人的感覺，就回去看看他吧！」小歐的語氣平穩，彷彿在談論一個熟識已久的老朋友，那樣稀鬆平常。

屬於「基隆體」的文化策展現況

——當代藝術展覽策展製作人郭一萱

文字／許慈恩

「集體而穩固」的過去、「放射狀」的現在，以及「大航海時代」一般的未來，是策展人郭一萱對我城基隆的詮釋。她認真地說，「如果世界是六度理論的話，基隆可能是兩度。」因為人與人之間交織的網路異常綿密，最好的國小同學，或許曾在某個階段與她的高中同學同班。在基隆，關係不僅很容易牽繫起來，一熟絡，可能就是二十年起跳的濃郁。

「比方說我回基隆做策展，會找我的國中同學來拍照、找同一個國小畢業的Ray（回基隆團隊）來宣傳，可以動用身邊的資源，去框出比想像中更廣闊的樣態。」郭一萱隨口的舉例，便能完全感受到對基隆的依賴。這或許也是她儘管住在台北，卻無論如何每週回家的原因，「就跟朋友碰個面、走一走，有時候只是回家睡一覺，都會很開心。」

身為策展人，在地現下的文化動能郭一萱觀測也參與著，「藝術方面，這幾年『潮藝術』就推得不錯。論述的話，目前還是比較點狀開花的集體性回顧，像回基隆、雨都漫步、卡米諾，每個團隊都有自己關注的角度。」基隆的背景本身濃厚，因此切點多元、因此放射狀般熱鬧齊放。下一步是整合還是個點攻破，郭一萱笑著說，「其實都沒關係，更理想、更根本的是，當你對自己的居住環境有很明確的認同，那其實不需要去說『土地很黏』，也會讓人想主動親近。」

在地的自我論述總是從海裡、土裡、時間裡累積，才慢慢長出來，「我說基隆未來是大航海時代，除了因為是北台灣最大的漁港，也是希望更回溯到過去。」唯有釐清過往的生命經驗與城市的歷史軌跡，才能說出踏實的故事，畢竟「未來的發展在過去。」郭一萱笑著總結。

其實都沒關係，更理想、更根本的是，
當你對自己的居住環境有很明確的認同，
那其實不需要去說「土地很黏」，
也會讓人想主動親近。

返回基隆，汲取土地文化的創新之路

——阿普蛙工作室主理人吳健毅

文字／許慈恩

「我承認台北有一些不錯的資源、更快速的機會，但如果真的要說生活得舒服，基隆絕對好過台北。」出生在沒落中的基隆、創業於三一八學運後眾人返回的時間點，對於「阿普蛙工作室」主理人吳健毅來說，他沒有太大的包袱，只是過不慣台北的步調，恰好，喜歡做的事在基隆進行也很可以。

以公民教育為基底設計桌遊，「這很重要，但剛好沒人用桌遊來做。我們就想，雖然賺不到什麼錢，但好像很有趣，那就做吧！」吳健毅一派坦率，創業六年，由放工後的興趣社團延伸為桌遊工作室，一路上，因為地緣限制，參與者全是基隆人。但他也笑著透露，今年終於首次接到基隆的公部門邀約——為暖暖區公所舉辦桌遊設計工作坊，「可能之前在外地比較有名氣。但與在地合作，與其說是目標，不如說是必要條件。」因為身在基隆，自然有種對家的直觀偏心。

像是大部分基隆孩子，吳健毅有一半以上的同儕都搬離了，留下的，不到三分之一在當地工作，「過去我覺得充滿了逃離感」，他平靜地說，而隨著這一、兩年諸多青年返鄉，「包含創業，或只是回來辦活動、參加活動、組成協會，都能感受到改變。這也凸顯像是『金豆咖啡』這樣的存在作為聚會點的重要性，如果沒有這裡，我們可能無從得知，會有共鳴、火花的人在哪裡。」於是，現在他心裡的在地關鍵字成了「返回」。

最後，向吳健毅問起了基隆的未來。只見他條理分明地說起想把基隆歷史與根生的議題組成解謎，通勤難題、沒落的委託行，和藏起的旭川河，都一一放進正策劃的城市實境遊戲裡。「我覺得，基隆的未來是『找回自己』，我們要知道自己的成長和模樣，然後建立正向的文化。」有了意義感與城市共感，如此一來，才可能成為真正的自己——成為基隆人。

創造一個在地多元的停留之地

——無用學堂主理人鄭詩怡

文字／許慈恩

「無用」，作為老莊思想宇宙的「大用」，落到基隆的土地之上、巷弄的學堂之內，沉甸甸的哲理看來更像輕盈留白的生活態度——空下場所，以待不同的人事物發生。「無用學堂」主理人鄭詩怡（十一）笑著說，鄰居的老人家總叨念她：無用就是「無路用（台語：bô-lōo-īng）」，很不吉利；也曾有參加活動的人，一踏進學堂就消極自白：「我很無用，很適合留在這裡。」

「我覺得命名很有趣，人人都能有所詮釋。」各自表述的可能性，像極了生活的真實。返鄉兩年，先是專注生活，接著開啟無用學堂，以空間作為文化的載體，辦沙龍、芳療、影展，最近還與其他在地團隊一起中元辦桌，現在的十一看來有自己的步子、熟門熟路；可倒回幾年前，她壓根沒想過回家。「我出去了很久，長時間都在旅行，也想過待在東部，說真的很少第一個想到基隆。」然而，走過無數城市、也曾投入高雄甲仙的社區工作，突然十一願意停下來了。她說，現在的人生階段想定下來，「受到前一份甲仙的工作啟發，那段日子我很喜歡，因為不再是旅人，而是在地的生活者。」

不操之過急，如今她與基隆的相處很安定，打定主意細水長流，「我覺得那像是相互陪伴，我留下來、在這裡生活，我才會知道地方真正的需求是什麼。」年輕人回流，而既有的基隆生活還是在過，舊與新之間，只有相識才能爬梳過去、走向未來，「我會盡我所能地去接觸。只有接觸才能了解；了解，才能真正找到可以做的、合適的改變。」無用學堂是個突破口，讓人進得來、交流更有機。

十一說，她理想中未來的基隆就像海底世界，保持流動的活力卻能彼此交集，「就像海洋的生態，可能好的、壞的都有，端看你的視角，但我會期待基隆持續那麼多元！」

就像海洋的生態，可能好的、壞的都有，端看你的視角，但我會期待基隆持續那麼多元！

用基隆元素揉出在地口味

——朋廚創辦人王兆豐

文字／許慈恩

工作日的清早，奶油和著麵團的香氣填滿朋廚本店，「吃早餐了嗎，我們的沙拉船很好吃欸，我去拿給你！」初見朋廚創辦人王兆豐（Jimmy），第一句話就很有地方麵包店的親切爽快。

從小在廟口長大，Jimmy的老家是直傳三代的百年佛具店，就在距離朋廚不遠的街外。他眯眼笑說，「除了開店前曾在台北當了學徒兩年、去喜來登工作，我的國小、國中、高中，到後來回來創業都在基隆。」

一九九九年，他與東京回來的表哥開起第一家朋廚，回推二十一年前的時空，那約莫就是第一代的基隆返鄉青年代表了吧。

後來，他們陸續展店，從台北誠品到香港都有痕跡，有的尚在、有的撤離，但來來去去就只有基隆本店，是Jimmy無論如何都想留守的堅持。「我去過橫濱港、香港的維多莉亞港，記憶裡，國際港口旁邊總是有很好的麵包店。我的成長都在基隆，很希望大家對於基隆港，也有一個味道的回憶在。」因為嗅覺和味覺，總是走訪城市最騙不了人的感官經歷，於是每天確保這間靠近港的小店能好好營業，試著將基隆的不同元素揉入麵包之中，對Jimmy來說才如此重要。

在基隆這個小地方，朋廚曾是一間走得太前面的麵包店，在一種麵團就能甜鹹通吃的台式麵包當道時，他非得請六個師傅、每天打十二種不同的麵團，

「現在很多年輕人回來，基隆會越來越不同！但以前真的好寂寞，沒有人知道你在做什麼。剛開店時，還有長輩拿著歐式麵包來，罵我們麵包放到都硬掉還拿出來賣。」他好笑又苦澀地說。朋廚就像市井變化的紀錄者，清早，主婦買菜會順邊光顧、有時帶來自家的好料分食；正午，百貨公司的櫃姐、銀行職員吃膩便當，會繞過來買三明治；傍晚，夜市攤販上工前，為求效率總會嗑上幾個麵包。

一日的流轉是如此，拉長時間軸的改變地方的麵包店也默默見證，譬如，從小吃著朋廚的孩子，來訂喜餅準備結婚了；有了2088公車，市區的通勤族變少了；又或者，雨日減少，城市變得開朗；市容更好看，身為基隆人更自信了，「以前人家說基隆是黑白的，但我覺得未來會是彩色的，因為有很多東西不一樣了。」Jimmy笑著，好像只要能見證基隆變好，二十一年的耕耘都值了。

用藝術更靠近海一點點

——星濱山主理人林書豪

文字／許慈恩

和平島以南、台灣本島以北，夾起這片名為正濱的漁港，日治時期，因應漁業現代化，正濱成了全台最大的漁貨商港，「歷史環節給了這裡很多可能和機會，正濱一直是重要的交會點，地貌始終沒變，只有人跟時代在改變。」林書豪解釋道，自二〇一七年星濱山共創工作室創立、投入在地社區的藝術共創，這是已經是他與港灣相伴的第三年。

研究所讀建築、關注藝術共創，林書豪喜歡海、喜歡雨聲讓人心神安定，如果說基隆的自然環境是引領他抵達的原因，那正濱的歷史環境，或許就是他最終留下的理由，「不是每個社區都有很好的體質、人與人的關係，機緣蠻重要的，而剛好正濱有很多離鄉背井的人，口頭一問，應該很多人的父母都來自別的城市。」異鄉的人們相聚於此、共同拼搏，自然不太計較內外與你我，想為地方做點事也容易一些，「當時在思考『藝術共創』的實踐，也沒有刻意做什麼，就是跟大家生活在一起。後來，不到一年就辦了第一屆的『苔客上岸』（正濱港灣共創藝術節藝術節），第二年又做了插畫節。」林書豪說，「藝術進入社區」在台灣談了好久，從藝術面談、從教育面著手，卻鮮少真的與社區居民切身，然而，創造在地的獨特性與共同的合作經驗，恰恰正是他眼中藝術與社區最能相互扶持的關鍵。

靠著正濱的港、基隆的海，他坦率地說，「如果能再靠近一點點就好太好了。一直以來人們對海上事務的參與度都很低，所以我們花了很多時間在辦相關活動，就是想盡可能在過程中，讓觀念鬆動一點。」不知不覺中，海、港邊居民與林書豪，他們的未來成為一體，「我不想為計畫而做，也很難說要花多少時間，這是看長期發展，所以你每個月來正濱漁港，都能體驗這些活動。」至此，藝術都是過程，相伴才是本體。

從生活開始的地方爬梳

——資深飲食記者陳志東

文字／許慈恩

「以前因為覺得基隆就是一個街道狹窄、而且濕濕黏黏的城市，我確實不喜歡；但搬來之後，才知道市區只是一小塊，（基隆其他地方）還有很多不同的景觀，也都曾經有過自己的榮耀。」陳志東坦率承認過去對地方的偏見，作為旅行與飲食線記者，時常移動和遠行的他，十年前住進了交通便利的八堵火車站周邊，沒有太多對地方的爬梳，一切認識都從生活的那刻才開始累積。

問起為什麼是基隆，且還是有點冷門的八堵，陳志東笑著說，自己一直在台北生活，後來搬到永和租屋，「租了十年之後，我發現已經付給房東一百萬了，就想那為什麼不自己買，但你那時候才知道，台北的房子已經買不起了。」於是，他根據工作上的交通需求，開始沿著火車路線搜尋，意外找到了兼具生活感與交通機能的八堵，「那時候是夏天，一轉進車站對面的巷子，看到這棟樓，我就想，希望是它要出售，結果真的猜中了，看不到五分鐘我就決定要買。」

夏天的基隆總是甜蜜，白天均溫比台北低上幾度、住家附近綠意圍繞，沒想到，一踏入冬天他便渾身不對勁，「第一次體會到真正的潮濕，很難想像，第一年冬天，連續下了一百多天的雨。」試著開除溼機卻不知道還得密閉環境，那個冬天，陳志東繳了八千多塊的電費。

但生活總是相愛相殺，快轉基隆的日子，他先是離開了報系、成為獨立記者，後來，漸漸栽入地方的飲食文化探索，那約莫是距今三年前的時間，從日本留下的魚漿和咖哩傳統、臨港的生猛海鮮，甚至是暖暖超厲害的白斬雞店，他都甚是鍾情。現在，天氣好的日子，陳志東就到附近的基隆河散步，「你會想到這條河一直下去，滋養了整個台北市。八堵這段沒人，但到了七堵周邊居民會變多；然後六堵非常神奇，有人放牧水牛，旁邊還有個洗衣坑。」市區以外、鐵道途經的區域，又是另一種不同的基隆即景。

七堵地區的基隆河景

外地到本地的人文日常觀察

——FLOW CAFE創辦人Ken

文字／許慈恩

火車站邊、中山路橋旁，一幢扇形立面還開著大窗的老房，裝載著二樓的 FLOW CAFÉ 與三樓名為「Dear all」的花藝空間，分別由來自台南的 Ken 與基隆長大的太太分工經營。

總嚷著自己為了愛情嫁來基隆的 Ken，定居、買房還開了（兩次）咖啡廳，至今他說身為南部人，最困擾的仍是潮濕和多雨，「住了大概十年，剛開始就算放假，一起床看到下雨，就不想出門，畢竟台南可以一路熱到十一月啊！但我太太覺得正常，還是可以跑行程。」聽來是小小的抱怨，沒想到話鋒一轉，Ken 又稱讚起基隆買得起透天的房價和山海同鄰，「我覺得這裡最驚豔的是，山跟海很靠近，視覺上比較壯麗；但我在台南，山就是山、海就是海。」畢竟大學以前，都道道地地生活在台南，一南一北的奇妙參照之下，他也似乎長出了一套自己的基隆觀察，很日常也真實。

而聊起 FLOW CAFÉ 從第一個店址開張，到遷往更靠近市區的位置，Ken 表示，其中又有好多基隆讓他吃驚的事，最初是基隆的咖啡店密度超高，「連早餐店竟然都能看到虹吸咖啡，我真的嚇到，覺得好奇妙。」後來，等到自己也開了店，又發現，生活在「街仔」（基隆人對市區的台語稱呼）的人，原來會覺得騎車超過十分鐘的地方，就算太遠。幾番調整之下，他們終於落腳兩層樓的現址，一人一層，分別也有了更大的自主權。

Ken 說，基隆地方小、有人情味，所以互動也相對密切，咖啡店老闆之間是如此，連當初租下空間都是靠著滿腔熱情才說服房東。「這邊本來沒打算出租，因為怕麻煩，房東只想租外牆廣告，我就打廣告上的電話、跟他要 LINE，然後傳之前店的照片、營業項目等等給他，拜託他、說服說我們很單純。」然後 Ken 就成功了。正是這樣方方面面都直球對決的所在，讓一個台南丈夫，待了十年仍舊覺得這座城市充滿著無限驚奇。

海

海的⬆過去、⬅現在與⬇⬇未來

自基隆開始有人群活動以來，海洋恐怕就與此地聚落的發展脫離不了關係。來自不同地域與文化背景的人們來到基隆，依循著自身擁有的經驗和這個地方產生連結，形成在這裡獨一無二的生命記憶。

然而，在過去很長一段時間裡，基隆人卻也因為設置軍港與戒嚴的緣故，反而不太親近海洋。一直以來仰賴海洋為生的漁民及碼頭工人，在這樣的過程中越來越不被大眾所看見，人與海洋的關係曾經消失在我們的視野之中。正因如此，透過重新拾回這些記憶，我們才得以再次學會與海洋、與不同的人群找到共存的方式，找回真正屬於基隆的海洋文化。

#離海——#親海

#海洋文化 #海洋記憶 #與海共存

海港的過去

文字／賴奕諭

在直接把目光鎖定於基隆現代的港口發展之前，過去的人們在海上的交流互動，其實遠比想像中還要來的頻繁且範圍廣闊。

以物以物的逐海時代

在巴賽人仍於北台灣海域扮演要角的那個時候，他們便不斷以勞務或手工製品與淡水河流域以及噶瑪蘭地區的住民交換米糧。一直到一九五〇年代之前，在濱海公路尚未開通、馬達漁船與蓄電池帶動的漁船也都還未成為主要移動工具時，基隆八斗子居民甚至會與深澳岬一帶的住民划著小船以物易物，使得今日的望海巷留下了「換番」的古地名。

除此之外，於北海岸落地生根的漢人移民，也透過宮廟的海上遶境活動，暗示了廟宇背後的社交網絡是相當地活躍。包括從和平島出發，沿途拜訪外木山、雙溪、八斗子與福隆等地的社靈廟三府王爺，以及自外木山繞至基隆港、和平島、八斗子、深澳、金山與野柳等地的協安宮池府王爺，都是再顯著不過的例子。現今仍逐魚群而居的漁民，依舊在某種程度上維持這樣的生活型態。以捕撈鎖管的工作為例，他們往往隨著鎖管在不同季節去到不同的海域，農曆三、四月在新竹、五至七月在基隆，而七、八月又往海南島去，老一輩的漁民提到，他們與日本等其他國家的漁船在海上相遇時，時

#逐魚易物 #商船郵輪 #貨櫃運輸

常會有機會互相交換彼此的食物及日用品，那在少有機會接觸到舶來品的時代，是相當難得的經驗。

商船與郵輪的海港時代

然而，縱使有這些因海串起的生活網絡，我們也無法忽略歷代政權企圖控制並不斷重新打造這條海岸線的各種嘗試。尤其在日治時期後，基隆港被定位成台灣與日本間的聯絡港，政府自一八九九年開始便著手於為期四十五年的現代化築港計劃。在日本人將基隆內港的淺灘填平、炸掉港中的鱟公、鱟母小島，並建立起港口倉儲及鐵公路運輸網之後，大阪商船會社與日本郵船株式會社等機構很快便在基隆設立據點，大型商船與郵輪自此成為基隆至今的日常風景。

不只如此，在日本政府一九二一年公佈商漁港分離政策後，原先在基隆港東岸排擠到商港發展的三沙灣漁港，便被計劃性

現在的委託行街街景

的遷至靠近八尺門的正濱漁港，使得過去曾經是基隆聚落中心的和平島及其鄰近區域又再度發展起來。正濱漁港在當時可以說是台灣最先進、完善的漁業產業專區，除現代化的漁業行政中心，政府陸續還興築了漁民住宅、水產商船講習所、魚市糶（註）場、珊瑚市場、漁業無線局、貯冰及冰藏庫、燃料倉庫、空箱置場、給水所等設施；連帶周邊發展的造船廠、鐵工廠及冷凍廠等水產產業，直至八〇年代都仍可說是具有相當規模的漁業產業專區。美援協助、復甦港市重建的戰後基隆，很快地又於一九六〇年代掀起一波貨櫃運輸的高峰。在鼎盛時期，港務局甚至開辦過碼頭工人學校，訓練無數人成為一同見證基隆港市繁榮的勞動者；而伴隨著港口興起的貿易行、報關行、貨運行及委託行，則在幾十年間構成了基隆商業的特色。

註：音同「跳」，出售，拍賣。

海港的現在

文字／賴奕論

#親水觀光 #在地共存

今日的基隆海港，在國際航線改道、商港中心移往台北及桃園發展等因素影響下，貨櫃吞吐量逐漸下滑，即便國際郵輪占了全台灣近九成的航次，許多過去依附港口而生的產業仍慢慢地式微。有鑑於此，政府近年來嘗試要讓基隆的港口轉型為結合觀光、親水性的景點，希望藉此帶動往來基隆的人潮，如基隆內港搭建的海洋廣場，以及近幾年於網路上掀起熱潮的正濱漁港色彩屋，都是讓民眾能夠再次擁抱海洋的一種嘗試；也有年輕世代選擇藉由蹲點、田調，來重新認識已經為大多數年輕人感到陌生的港口，進而思考在地生活的可能性。

安家落戶的外地勞動者

那些過去受到基隆繁榮光景吸引而來的人們，有些人已經選擇另覓出路，也還是有人默默地耕耘，持續以他們的勞動與生活刻畫今日的基隆港日常，例如從前從事碼頭貨物裝卸的碼頭工人，由於本地人往往選擇到委託行、報關行等商家工作，貨物裝卸的人力來源有不少是來自基隆外的移民，最高峰時曾有六千三百多人在碼頭忙進忙出；除此之外，還包括有二線碼頭工人以及貨櫃司機，這些來自外地的勞動者來到基隆後，在西岸碼頭旁自造屋舍，安家落戶；過去曾有來自大甲的碼頭工人從鎮瀾宮迎

八斗子漁港

回媽祖分靈祭祀，至今也早已融入地方，形成了與海港難以輕易分割的生活網絡。

六〇年代隨著親友介紹大量遷徙至八尺門一帶定居的花東原住民族，早期多以漁撈維生，休假或船埠保養時則投入板模工等營造業兼差。他們過去曾有很長一段時間，是以廢棄船板、木材、帆布等材料自行搭建房舍居住，並多次遭市府強制拆除。一九九五年，政府在原地建成海濱國宅供原居民承購移入，也在同時以原住民／非原住民的原則劃設出國宅居住空間，過去族群混居的現象一度消失。也在這樣的情況下，第一代移民嘗試把自己在原鄉習得的祭儀活動與倫理規範移植過來，不同世代在基隆生成的「經驗」卻又回過頭來影響了「傳統」，使得不同的遷徙及生活經驗得以相互連結，構築了一個擁有基隆在地特性的奇浩部落（kihaw）。

看見每一個與海港緊密相連的人

在碼頭另有一群身影，他們撐起現今漁業的根本——大多數時間可能都待在漁船上頭的外籍移工，因為沒有固定休假日，就算船隻靠岸也通常還有不短的時間需要待命，他們在基隆的經驗便顯得相當不同。以印尼籍漁工為例，由於目前基隆的漁港規模都不算太大，港口周邊也少有其族裔商店，他們多半在下船後就前往市中心，只有在那才能找到由新住民開設的印尼商店；除了同鄉會的活動之外，近年來漁會在八斗子漁港也提供了一個給穆斯林的禱告室，讓漁工能夠有屬於自己的空間，可以自主舉辦活動、交流。

正如過去許多初來乍到的移民、移工一般，外籍漁工的生活空間與網絡還正在形塑、建立的過程之中，我們如何在摸索海港未來出路的同時，也能夠看見每一個生活與海港緊密相連的人、思考彼此之間該如何找到共存的生活方式，這或許是今日基隆的海港需要認真面對的挑戰。

海港與海洋的未來

當觀光發展可能成爲基隆的未來，
而談到基隆的未來，
就不能避開海港、無法遠離海洋。

文字／劉玟苓

甫下客運，便能從基隆港口望見高聳的橋式起重機、華麗的觀光遊輪；夜晚來到正濱漁港，曾經廢棄的造船廠與鋼筋骨架融合藝術創造，發出與過往不一樣的光芒；凌晨的崁仔頂，漸漸熱絡地叫賣喊價，尚能窺見漁事在基隆的一席之地。當觀光發展可能成為基隆的未來，而談到基隆的未來，就不能避開海港、無法遠離海洋。

然而在許多基隆人的人生經驗中，基隆就像是一座只是剛剛好被海包圍的城市，人與海的距離是遠的、難以親近的，甚而終生未曾出過海的……近年海港空間的打開與記憶的解鎖，讓生活在現代的基隆人得以有了機會，可以開始理解屬於基隆自身的海港歷史，思考屬於基隆未來的海洋文化。

PORT OF KEELUNG
www.yangming.com
YANG MING

山的過去、現在與未來

做為一個丘陵地實際佔了百分之九十五面積的城市，基隆似乎常常因為過於強調海洋的文化，而忽略了山的存在。然而，基隆沿海聚落的發展一直是受到交錯的山勢與峽灣地形影響甚深，過去人們若想要移動到北台灣其他地區，也往往是河運、陸路與海路相互搭配，可見基隆山與海之間關係的緊密連結；即便是後來歷代政權於基隆設立軍事防禦設施，放在前線與後備整體的布局來看，針對山與海兩者的考量皆不可偏廢；更不用說，過去於山區產出的樟腦、大菁、茶葉及煤礦，若是沒有這些來自於山的產物，也難以成就基隆一度輝煌的過往。

山

#遠山——#近山
#山城文化 #山路記憶 #與山共生

山的過去

#軍事防衛
#礦業茶作
#淘金觀光

提到基隆的山，或許會直接聯想到「砲台」，畢竟基隆可說是全台最多戰爭以及最多防禦重地的一座城市。由於基隆自古以來即是兵家必爭之地，從西班牙、荷蘭、清國、日本，與國民政府所設立的各種軍事設施來看，其目的雖不盡相同，卻也使得基隆的發展與軍事息息相關。而位於基隆的砲台大致有兩個系統：一是為防衛港區的港灣砲台，二則是為了防禦基隆河流域的內陸砲台，總計將近有快二十座砲台。即便現在絕大多數的砲台都已廢棄不再使用，基隆山區仍有不少軍事管制區，讓人們不太有機會接近到這些地方。

文字／賴奕論

山裡的聚落與產業

這些曾經或正被劃設為軍事管制區的地方也曾有聚落出現。像是過去曾在和平島附近形成聚落的巴賽人，也同樣在基隆的山區生根，其中又以七堵的瑪陵坑社及暖暖的那那社最為人所知；而在西班牙人的紀錄中，有部分被他們徵調來台擔任士兵、工匠的菲律賓原住民，也曾逃至基隆山區的原住民族村落後便消失不見。

白米甕砲台

在漢人於基隆山區墾殖的聚落中，暖暖因鄰近的水道夠深，又位處航運的重要位置，清治時期即設有驛站做為台北與宜蘭間的貨物轉運站。當時的茶、藤、木材、大菁等物產便是透過人工肩挑至暖暖碼頭，再送往基隆河下游的艋舺、淡水，甚至是到中國販售。然而，這些產業後來幾乎都不敵礦業的興起，曾經由泉州安溪人自家鄉引入的茶產業，最後便乾脆直接轉往坪林一帶發展。

山外的煤礦與鐵路

煤礦業興盛時期，基隆河從四腳亭至八堵這一段河道，有許多洗煤的人在此營生。清治後期至日治時期之間，人們還因為在此處發現金砂，使得淘洗金砂的人潮蜂擁而至。其盛況反映在工作時間以外的暖暖街，各種文化娛樂活動蓬勃發展，直至戰後的五〇年代都仍是如此。

日治時期時，在暖暖地區之

（圖片：雞籠卡米諾提供）

石炭貨車積ノ光景
（大正十四年七月二十二日地帶撮第二七七號認可）

外，基隆也有不少地方的煤礦業高速地發展，而日本政府囿於經費限制，為解決煤礦運輸至碼頭裝卸的問題，遂積極獎勵民間鋪設私有輕便鐵路。一九一〇年，光經營私設鐵路的公司就有十五家，它們多半是只經營運送自家公司產品的專用線。在這樣的發展趨勢之下，八尺門從一九一〇年代開始，便成為北台灣礦產的運輸要地。像是連接深澳至八尺門以及金瓜石至八尺門的輕便鐵路，便讓煤礦得以由八尺門碼頭出港，送往日本精煉。不少漁工在漁閒期間會兼差去做拖車工人或是煤車臨時工，足見山與海之間的連結遠比我們想像中還來得多。

山的現在

#步道休閒 #文史據點

文字／賴奕論

今日的基隆山區，在礦業沒落、煤礦場陸續關閉，以及多數砲台等軍事設施不再有實際用途之後，變得開放而擁有更多的可能性。除了在北台灣交通路網日益密集的影響下，山坡地建起了許多集合式住宅，吸引外地人口流入；各種各樣「古道」及「休閒園區」的出現，儼然成為是人們口耳相傳的閒暇時光去處。事實上，這些去處的出現並不是無中生有，它們往往與基隆過往的歷史記憶及產業發展脫離不了關係。

見證歷史的古道

姜子寮步道及十分古道曾是聯結基隆、雙北與宜蘭的淡蘭古道支線之一；今天被稱作是海興步道的魚路古道，則是大武崙漁民若不循海路，要將漁獲送至基隆市中心的必經之路；內石硬港古道與紅淡山步道，都經歷過清法戰爭的廝殺場面；連結五坑山砲台的總督嶺古道，過去則是閒雜人等皆禁止進入的軍事管制區；而東勢坑產道、消壘嶺古道及西勢坑古道，皆是基隆礦業發展史的見證者。

此處無意要列舉出基隆所有的古道，也不是很周全地替它們做出分類。不過藉由上述的例子，我們可以看到這些空間在意義上的轉變，縱使部分的歷史記憶依舊為人所傳頌，使用的型態卻早已大為不同了。

被山包圍的基隆城市

主普壇

中正公園的轉變

講到基隆的山，不得不提一個相當具代表性的地標——中正公園。

在日治時期時，中正公園其中一部分屬基隆神社，另一部分則是設立石坂文庫的石坂莊作所開闢的私人公園，這座公園在戰後被塑造為重要的黨國象徵，除基隆神社被改做忠烈祠，也以紀念蔣中正前總統為由，將其命名為中正公園。一九五〇、六〇年代，當全台各地興起一股早起會熱潮的時候，基隆地方商賈向政府申請籌建「基隆早起會」，沿山勢建有亭台樓閣數十座，並於一九六二年由藝文界人士在此處舉辦首次的吟詩盛會。七〇年代之後，本來設於市中心的中元祭主普壇也被移到中正公園，這也是公園之所以會逐漸成為今日基隆重要公眾開放空間的原因之一。

完整脈絡的山城未來

#山城文化的再挖掘

文字／劉玟岑

談起基隆的海洋性格，便不得不也談論基隆的山城文化，提及山城的發展，更無法偏廢海港的重要。傍海而居、立山而生的基隆記憶中，無論是學生時期走上丘陵地就學，或是走至中正公園參與年度文化盛事，在以往對於基隆城市的論述中，山的角色其實時常缺席，其中隱藏著許多基隆連結台灣各處的歷史文化、生活風景，亦是讓基隆未來描圖更完整、更不可或缺的一塊。

城
海
山

什麼是基隆的性格？這樣的性格又怎麼形塑出基隆這塊土地的模樣？

過去總會被定位為海洋文化城市的基隆，時常強調的是不同時期來到這裡的移民文化，以及依著海洋而生成的海鮮文化。然而，當我們以不同的視角重新看待這座由山與海交織而成的城市時，不僅可以更具體地見到像是生態、飲食與觀光文化等面向，是如何在人群於山與海之間互動的過程中逐漸生成今日的模樣，或許也能夠藉由這樣的視角，更進一步地慢慢理出對於這座城市未來的想像。

#城——#海——#山

#基隆性格 #海洋文化 #山城文化

#[illegible]與海交織的未來想像

飲食──
豐盛的海港小吃文化

文字／賴奕諭

從產地到餐桌的海鮮文化

仁愛市場一景

一般提到基隆的飲食文化，免不了講到各個時期移民所帶來的各種影響，比如以「善治海鮮，每多羹湯」聞名的閩菜、日人引入的魚鮮及魚漿文化，和美援麵粉推波助瀾之下蓬勃發展的麵食文化。除此之外，基隆的飲食特色還受到了從事礦業與碼頭裝卸的工人勞動作息需求影響，像是沙茶咖哩炒麵這類型能夠於休息時間快速提供大量鹽分的重口味鹹食，也有不少服務晚班工人的深夜小吃攤應運而生。以市中心為例，眾人耳熟能詳的廟口夜市以外，仁愛／博愛市場、信義市場，或是一級戰區的孝三路都能夠讓我們同時見到這樣多元、豐盛的小吃文化，是如何逐漸生成屬於基隆的特色。

事實上，這些飲食空間的形成並非偶然。

多樣豐富的魚漿製品

#魚鮮魚漿——#海港口味
#各國移民——#多元美食

清治時期之前的移民，往往選擇在主要街道與廟宇兩旁擺攤，從而形成飲食聚集的場所。而日本政府為有效管理零散的攤販，除指示地方廳將食品市場委由市街經營，後來更進一步要求各攤販皆需持有政府營業許可，不得私設市場。於是，就在市街各自經營攤販的情況下，奠濟宮外的廟口市集更具規模，而當時由台人公共住宅博愛團所經營的福德市場則持續至戰後，演變為今日仁愛／博愛市場。至於後來才又來到台灣的漢人移民，因為沒有那麼快打進本來的攤販圈，多半集中在過去日人聚集的田寮河南岸，是現在信義市場的所在地；不能忽視的還有國民政府於戰後初期推行的「節約政策」，因為鼓勵小吃攤販的經營以結合勞動群體為優先，許多小吃店便出現在基隆港西岸碼頭工人的生活區域，孝三路正是早期碼頭工人與報關行員工吃飯、休憩之處。

新鮮的海鮮漁貨

在地獨有的炭烤吉古拉

可直接吃亦可煮湯的大燒賣

營養三明治

七堵夜市的咖哩麵

至於戰後由中國移民帶來的麵食文化，因美援而來的大量麵粉固然是其得以發展的重要因素，不過真正讓民眾「以麵代米」的關鍵其實是國民政府的宣傳。為了要消化產量遽增的麵粉，政府成立了「麵麥食品推廣指導委員會」，除鼓吹麵食的營養成分，更同步貶低米食價值，擁有大批戰後移民的基隆，便出現了很多麵食攤店，形成今日三步一麵攤的景象，今日許多老基隆人習慣的早餐仍是乾麵，或是蔥油餅配餛飩湯的在地組合。

環境——從海港文化到全水域文化

文字／賴奕諭

基隆是座不斷有新移民移住的城市，它的生態環境則是我們在理解人群為何遷徙、又如何在當地落地生根，不可輕易忽略的要素。像是因海底地形影響而於台灣東北外海產生的湧升流，便將海洋中層含營養鹽較高的海水帶上來，使得基隆鄰近海域浮游生物相當繁盛，夏天之際，西南氣流將印度洋魚種沿著台灣海峽送往北部海域，而黑潮則北上帶來西太平洋魚種，讓北台灣海域出現印度洋與太平洋魚種交會的特殊現象；至於冬天，東北季風帶著來自東海、黃海的魚種南下，使得當地能夠捕撈的魚種更是

多樣。這些都是讓基隆之所以得以吸引漁民前來、政府願意投入成本發展漁業的先天優良條件，時序來到現代，海洋議題逐漸浮出水面，除了顧及經濟需求，如何達成永續生態是現今基隆需面對的課題，近年來由廢棄發電廠活化而成的國立海洋科技博物館，便重新帶著我們直接理解海洋與人們的關係，不再只是隔著一層膜以軍事、經濟與海產等視角認識海洋。

談基隆的環境，也必須納入河川的歷史脈絡與生態影響。基隆港水系與基隆河水系，不只是在學理上區別出基隆河川兩大系統的意義而已，它們其實還分別影響到後來於基隆落地生根的漳州、泉州移民。漳州人由過去的基隆灣沿著田寮港、蚵殼港、牛稠港及石硬港這四條河流向內陸發展，並於石硬港下游的旭川逐漸發展出至今仍相當出名的崁仔頂漁市；以安溪人為主的泉州移民則由淡水、艋舺一帶順著基隆河往上游拓墾，除了將家鄉原先便蓬勃發展的茶產業移植至基隆河中、上游外，更一度利用水道特性於暖暖構築出區域中心般的貨物轉運站；今日的五堵、六堵、七堵及八堵主要是受到基隆河的曲流地形所生成的河階台地，土壤特別肥沃，也正是人們之所以選擇遷徙至當地開發的重要原因之一。至於現在許多人常提到清代基隆的漳泉械鬥現象，即是因為漳泉雙方於獅球嶺，也就是兩個水系的分水嶺發生衝突，才進而促成了基隆中元祭的緣起。

時間來到戰後，隨著鐵、公路交通網日益發達，礦業逐漸沒落，政府將部分位於市中心、功能性漸弱的河川加蓋後建屋蓋舍，用以緩解大量外來人口不斷湧入基隆的困境。此外，加上政府於基隆山區廣泛鋪設的產業道路，這些因素皆漸漸造成了基隆山海之間的生態系零碎化問題。當然，隨著人類活動的規模漸增，環境生態也往往跟著被迫調整。比如棲地於北台灣的黑鳶，過去多在基隆沿海懸崖石縫或附近樹林築巢，卻在基隆住宅區不斷拓展之後，往更內陸的區域築巢。不過由於基隆港水系周圍的住民在過去很長一段時間裡，直接將有機廢棄物排入水中，這讓基隆港成為黑鳶重要的覓食地，就連萬里、瑞芳、東北角及新北市其他地方的黑鳶群都有可能前來覓食，形成了基隆港與黑鳶群共生的奇特景象，如何維繫都市裡黑鳶的生態平衡，亦是基隆需要積極討論的課題。

#海洋的生態環境——#基隆海洋文化

#河流的人文歷史——#基隆川流文化

國立海洋科技博物館

觀光——從文化長出的在地魅力

#基隆生活
#基隆文化
#基隆觀光

文字／賴奕諭

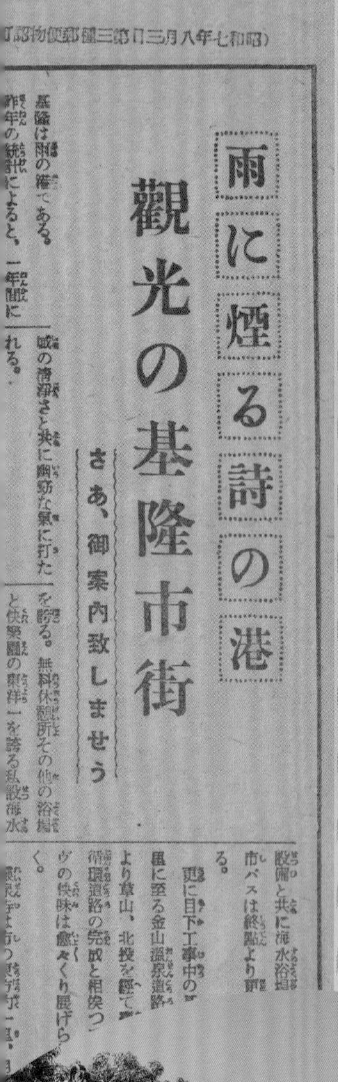
(昭和七年八月三日 第三種郵便物認可

雨に煙る詩の港

觀光の基隆市街

さあ、御案內致しませう

基隆は雨の港である。
昨年の統計によると、一年間に
れる。
城の清淨さと共に幽窈な氣に打た
を誇る。無料休憩所その他の浴場
と快樂園の東洋一を誇る私設海水
設備と共に海水浴場
市バスは終點より更
る。
更に目下工事中の
里に至る金山溫泉道路
より草山、北投を經て
循環道路の完成と相俟つ
ヴの快味は愈々くり展げら
く。

以文化資產修復活化為例，
從過去找到觀光發展的核心

十二年八月十九日 THE WIRELESS JIJI PRESS 海上版 （木曜日） 第四百六十三號 （3）

て大基隆の建設に邁進してゐるのを見れば、雨も決して苦にならない。夏目漱石さんではないが、雨の姿をぢつと眺めてゐると一つの繪畫であり、セレナーデであるといひたくなる。

戀のまぼろし
情のまこと
雨の基隆なつかし戀し
唄ひあかそか
故郷の唄を

先年基隆に遊んだ新井格氏も次のやうに歌つてゐる。

基隆の港の雨はジヤスミンの香りをこめて明らかに降る

内地からの旅行者は、基隆に近づくに從つて、白浪をかぶつてはね返る無數の竹筏や、海賊船を思はせるジヤンク船の赤や青の彩色に、何か獵奇的印象を強くするであらう。舢舨も亦一幅の繪畫である。

國際航路の要地である基隆には常に一萬噸級の內臺航路船を始め大小幾十、幾百の船舶が巨體を横たへ、起重機はけたゝましい音響をたてゝ港の曲を奏で、苦役の苦力、仲仕、マドロス等海の男達の力強い生活戰線が展開されてゐる。

★

觀光の基隆としては、市街の中央の突出する丘陵の最高嶺にある基隆神社に初詣でをなし、この邊りから內港の風景を俯瞰すると、眸

既夏の候は內外浴客で埋められる海水浴場を左にバスにゆられ、或はハイヤーを飛ばせば奇岩怪石の別莊地帶がある。

基隆水產館は州水產會の經營で附近には水產試驗場、水產講習所その他の施設があり、年漁獲物取扱高は百萬圓といはれる。

八尺門水道を距てゝ相對してゐた社寮島も、既に大橋梁が架設され、バスの定時運轉を見、臺灣文化の發祥地として學者の興味を集めるところ、西班牙人が十七世紀の頃に築いたといふノールトホーランド城跡は昔を偲ぶよすがである。この島一帶は漁民の新住宅街として、沖繩漁業移民多く、儼然沖繩風景を現出してゐる。

★

コースを逆行して眞砂の旭ケ岡公園は、清國末期の巡撫劉銘傳の築造した枕山砲臺の遺跡及び天然スタンドを持つ綜合グラウンドあり、臺灣八景の一とし眺望の絶佳

涼園である。

その他觀光の基隆を誇るものに市上水道の水源地あり、廣大華麗の名園としては、故顏國年氏の邸園がある。八斗子の海岸も衛生的

別離の情を結ぶ出航船の五色のテープが雨に煙られた港の情緒も基隆ならではの事であつて、仙洞には自然の大洞窟即ち仙洞に觀音佛祖を祀る。これまた基隆觀光の一つである。更に八斗子より深澳子寮、金瓜石を經て瑞芳に至る道路もドライヴに快適である。

ステーヂドライヴ

新開場の淺草國際劇場は松竹少女歌劇の「國際踊り」の絢爛たるレヴューに人氣を博したが、その最も豪華な場面は寫眞のやうに美少女を乘せた國產大衆車ニツサン八臺が、大舞臺に妍を競つて亂舞する隙間を颯爽とドライヴするところで、觀客を驚かせた。

時計
內地では容易に得難い新型揃
世界的な高級時計
ナルダン　ロンジン　オメガ　モバード　エルジン　ウオルサム　ハフイス　ドルミー　ローレツクス
總本店
近江洋行
大連市浪速町二丁目
電話（二）四四六番

滿洲の女

纏足は支那の奇習である。今でも奧の地方に行けばわづかに殘つてゐるが、それもお婆さんなどに見受けるばかりだ。

日治時期的基隆觀光介紹（圖片：雞籠卡米諾提供）

基隆的觀光其實並不是那麼新的現象，因為這座依山傍海的城市一直以來便已透過景致怡人的山巒、海岸線以及奇特的地質地貌等景觀吸引遊人前來。除此之外，早在日治時期就已經有所謂「港都觀光」概念的出現。我們可以從一九四〇年出版的《基隆市案內》一書，讀到作者推薦的套裝行程：那是趟約五小時的海陸觀光路線，由基隆火車站出發，沿途拜訪高砂公園、千人塚、基隆神社、大沙灣海水浴場、旭岡、八尺門、社寮島、蕃字洞與仙洞，最後再乘船回到基隆火車站；日本官方不只是鼓勵台灣島內居民到基隆觀光，也積極推廣並辦理外國觀光團、日本內地來台觀光等活動。由於基隆港及其周邊是當時日人於基隆主要建設的核心，這也讓行程的重點集中在基隆港區，就連眾人登旭岡的意義也是在於能夠清楚地鳥瞰海港的景致。

今日的基隆，以不同時期生活於這塊土地上的人群為基礎，正慢慢地透過觀光重新將歷史文化的厚度具體呈現出來。像是顯露出從史前時代到荷西時期生活遺跡的和平島諸聖教堂遺址發掘計畫、和平島公園的砲台遺跡，便得以讓我們對基隆在北台灣海域、甚至是大航海時代亞洲地區的歷史角色及定位有更清晰的想像；至於白米甕砲台與大沙灣石圍遺構等清治時期所遺留下來的軍事防禦工事，以及近年來陸續在修復的日治時期要塞司令部、旭丘指揮所、校官眷舍，除了讓我們對不同時期的軍事佈局以及目的有所認識外，更可做為一個起點，讓我們得以爬梳出更完整圖像的基隆軍事文化地景；而同樣也在這幾年開始進行整修工作的正濱漁會大樓，則提供另一個視角，讓我們見證基隆這座城市一路成為專業水產中心的過往。

重新藉由觀光把歷史帶回我們眼前的意義是什麼？有別於日本人將基隆打造成充滿異國情調的觀光大城，戰後的基隆，由於漁業、礦業及貨櫃業的興盛，大家往往只是到委託行消費之餘順便觀光，卻不見得能夠體會到不同族群歷史文化帶給這座城市的深度，還有空間到底是如何隨著不同人的記憶互相競爭、疊合，而至融合不斷產生新的意義，這其實是基隆性格生成的一個過程。

在這座山與海交織而成的城市裡，當我們試著看見城市空間在不同時期的使用型態轉變、聽見不同人群在過往發出的各種聲音，我們不只是在認識一座城市，也正是在認識一個基隆人逐漸長成屬於自己樣子的經過。

潮境公園一景

外木山海景

和平島公園海蝕洞